高校体育教学改革与学生体育锻炼能力培养研究

黄俊棪 著

吉林科学技术出版社

图书在版编目（CIP）数据

高校体育教学改革与学生体育锻炼能力培养研究 / 黄俊楤著. -- 长春：吉林科学技术出版社，2022.11

ISBN 978-7-5578-9906-6

Ⅰ. ①高… Ⅱ. ①黄… Ⅲ. ①高等学校－体育教学－教学改革－研究－中国 Ⅳ. ① G807.4

中国版本图书馆 CIP 数据核字（2022）第 205400 号

高校体育教学改革与学生体育锻炼能力培养研究

著	黄俊楤
出 版 人	宛 霞
责任编辑	潘竞翔
封面设计	树人教育
制 版	树人教育
幅面尺寸	185mm×260mm
字 数	240 千字
印 张	10.75
印 数	1–1500 册
版 次	2022年11月第1版
印 次	2023年4月第1次印刷

出 版	吉林科学技术出版社
发 行	吉林科学技术出版社
地 址	长春市福祉大路5788号
邮 编	130118
发行部电话/传真	0431-81629529 81629530 81629531
	81629532 81629533 81629534
储运部电话	0431-86059116
编辑部电话	0431-81629518
印 刷	三河市嵩川印刷有限公司

书 号	ISBN 978-7-5578-9906-6
定 价	65.00元

版权所有 翻印必究 举报电话：0431-81629508

前　言

作为接受体育教育活动的最后阶段，大学阶段也是对大学生终身健身意识、健身能力培养的关键时期。目前大学体育教学着重于多种技术和身体训练，忽视健身理论教学，对于大学生的运动兴趣培养，健身意识形成，终身健身能力的提升等往往重视不够，以至于无法使大学生树立科学的终身体育思想。本书将结合自身的教学实际，根据对目前大学生体育锻炼的现状分析，提出有效的教改设想，以觅同行的共鸣。

高校的体育课程一贯注重教师的主导作用，而忽视学生的学习主体性，很多课堂成了教师的一人堂，学生成了被动的教学对象，这样的教学方式激发不了学生的上课热情，久而久之导致了学生对体育运动的忽视。高校的体育教学改革应该重视学生的学习主体性，通过改变教学方式，让学生被压抑的主动性、创造性、积极性得到有效释放，倡导学生的个性发展，努力让每位学生在体育学习过程中，切身体验到锻炼的意义和运动的乐趣，养成自主锻炼自觉锻炼的习惯，形成终生体育的思想和意识。

高校的体育教学改革需要在充分考虑现状的情况下，尊重大学生作为体育锻炼学习的主体，并在日常教学中注重培养学生的自学自练，科学健身与锻炼的能力。通过引入有效而灵活的教学方式，激发大学生学习体育和健身锻炼的自主性和积极性，让健身强国和终身体育的理念贯穿于大学体育教育的整个阶段。

为了提升本书的学术性与严谨性，在撰写过程中，笔者参阅了大量的文献资料，引用了诸多专家学者的研究成果，因篇幅有限，不能一一列举，在此一并表示最诚挚的感谢。由于时间仓促，加之笔者水平有限，在撰写过程中难免出现不足的地方，希望各位读者不吝赐教，提出宝贵意见，以便笔者今后加以改进。

目 录

第一章　高校体育教学的研究与探索 …………………………………………… 1
第一节　高校体育教学指导思想的内涵和主要观点 ……………………… 1
第二节　高校体育教学体制的目标、内容、方法和评价 ………………… 3
第三节　高校体育教学现状的分析和创新设想 ………………………… 13
第四节　高校体育教学环境的设计与实施 ……………………………… 15
第五节　高校体育教学模式发展趋势研究 ……………………………… 18
第六节　高校体育教学改革的研究 ……………………………………… 22

第二章　高校体育教学的发展 ……………………………………………… 31
第一节　体育教学目标的统一与协调 …………………………………… 31
第二节　体育教学内容的选择与开发 …………………………………… 34
第三节　体育教学方法的运用与创生 …………………………………… 37
第四节　体育教学手段的使用与创新 …………………………………… 39
第五节　体育教学模式的多元化发展 …………………………………… 43
第六节　体育教学的有效性与正当性 …………………………………… 47

第三章　高校体育教学的基本内容 ………………………………………… 52
第一节　体育教学设计 …………………………………………………… 52
第二节　体育教学过程 …………………………………………………… 64
第三节　体育教学系统 …………………………………………………… 78
第四节　体育教学管理 …………………………………………………… 82

第四章　高校体育教学渗透心理健康教育 ………………………………… 92
第一节　高校体育教学渗透心理健康教育的含义与作用 ……………… 92
第二节　高校体育教学渗透心理健康教育的目标与过程 ……………… 96

  第三节 高校体育教学渗透心理健康教育的内容与方法 ································ 101

第五章 高校体育锻炼的基础内容和能力培养 ································ 115

  第一节 篮球运动 ································ 115

  第二节 排球 ································ 127

  第三节 形体训练 ································ 133

第六章 高校传统体育锻炼的内容和能力培养 ································ 137

  第一节 太极拳 ································ 137

  第二节 八卦掌 ································ 145

  第三节 八段锦 ································ 153

  第四节 "五禽戏" ································ 157

参考文献 ································ 162

第一章 高校体育教学的研究与探索

第一节 高校体育教学指导思想的内涵和主要观点

一、高校体育教学指导思想的内涵

学校体育教学指导思想是对体育教学活动起指导作用的,并以教学目标、任务为核心的基本观点与认识。它从体育教学角度反映了一定时期社会对学校体育、体育教学培养人才的要求,在根本上与社会的政治经济发展水平、学校体育发展水平相适应,以适应当今的社会对人才培养的新要求。按照改革开放时期党的教育方针,人们开始从多角度、多层次的系统出发,进一步确立起生物、心理、社会等多层次的学校体育观。在学校体育指导思想方面,强调学校体育要增强学生体质的同时,为终生体育求基础,为竞技运动备人才,为培养个性全面发展的社会主义现代化建设者服务。

二、高校体育教学的主要观点

虽然高校体育理论界开展过多次有关高校体育教学指导思想问题的讨论,但至今尚未取得统一的认识。归纳起来,主要有以下几种观点:①高校体育教学应以增强学生体质、提高健康水平为主,因此提出"体质教育"的指导思想;②"三基"教学是高校体育教学的中心环节,因此提出"技能教育"的指导思想;③高校体育教学应以促进学生德、智、体全面发展为方针,以全面完成体育教学各项目标为主导,因而提出"全面教育"的指导思想;④当前国内外教育家都十分重视学校教育中培养和发展学生的能力,所以提出"培养能力"的指导思想;⑤随着竞技体育的发展,许多高校都成立高水平运动队,于是有的学者强调高校要为发展学生竞技能力,提高运动技术水平多做贡献,因而又提出了"竞技体育"的指导思想。此外,还有"快乐体育""主动体育""终身体育"等体育教学指导思想。从现阶段高校体育教学改革的现状看,各种指导思想都不同程度地在起作用,各种观点都有不同的针对性、时代性和强调的重点。在当前高校体育教学改革的热潮中,对体育教学指导思想各抒己见,观点多样,各种指导思想的提出和争论，是深化高校体育教学改革和活跃学术气氛的表现，这对于逐步建立具有中国特色的高校体育教学体制是十分有益的。

高校体育教学指导思想是体育教学活动的根本方向和目标，高校体育教学要落实以终生体育为指导思想，就必须立足于现实，着眼于未来，对现有的体育课程进行整体改革，重视体育理论知识的传授，建立"少而精"的体育实践教材新体系，延长开设体育课程的年限，体现"以人为本"的观念，关注学生的身心健康，为学生终身健康服务。

三、体育教学指导思想的主要制约因素

体育教学指导思想的形成和发展具有历史的和逻辑的必然性，但制约这种必然性的因素是多种多样的，这些诸多因素影响着它的产生和发展。正如恩格斯所说："历史从哪里开始，思想进程也应当从哪里开始。而思想进程的进一步发展不过是历史过程的抽象的、理论上前后一贯的形式的反映；这种反映有经过修正的。这时，每一个要素可以在它完全成熟具有典型形式的发展点上加以考虑。"尽管要理顺这些复杂的制约比较困难，但从系统论的角度把体育教学看成一个系统加以分析和概括的话，我们可以把体育教学指导思想的诸多制约因素分为外部主要制约因素和内部主要制约因素。

（一）外部主要制约因素

体育教学指导思想作为一种理性的东西，综合反映了一种社会现象，绝不是独立地存在，它必然受到某些哲学思想、教育思想和民族习惯及文化观的影响。因为思想史的研究不是单一地研究某一领域，而是站在政治、经济、历史、教育、宗教、社会层次上综合地、全面地论述它的理论体系和学说。体育教学本身是由于社会的需要而产生的，它的思想是一种社会思潮、倾向和目的之复合的体现。这种复合体必须依托于一定社会的政治、经济、文化背景而存在，正如我们研究体育思想史时，要把某一体育思想纳入整个社会背景中去分析它的产生、发展和各种社会因素，当我们从整个社会的政治、经济、文化等背景考虑体育教学指导思想的制约因素的同时，也不能忽视社会生产力发展水平，尤其是科学技术的发展水平。科学技术是第一生产力，它的发展程度往往取决于教育发展水平，而教育发展水平标志着教学论和心理学的发展水准。作为学校教育的一个重要组成部分的体育教学，当我们研究其指导思想的制约因素时，就不得不考虑这些因素。

综上所述，我们探讨体育教学指导思想的外部制约因素，必须从全面的、综合的、联系的观点出发，既考虑社会背景，又考虑社会生产力发展水平。

（二）内部主要制约因素

体育教学指导思想不仅受到外部因素的制约，同时还受其系统内部如体育教学的

本质特征和功能、学生身心发展特点和规律、传统体育教学观念、学校体育教学发展不平衡和多样性、体育教师的政治水平和业务水平、学生的体育观念和体育态度等诸多因素的影响。

第二节 高校体育教学体制的目标、内容、方法和评价

一、不断发展高校体育教学目标

目标是想要达到的境地或标准。体育教学目标是体育教学活动的主体在具体教学活动中所要达到的结果或标准,是教和学双方都应共同遵循的,对教师来说是教授的目标,对学生来说则是学习的目标。理想的教学目标应该是教授目标与学习目标的统一体。由于体育教学目标是在具体的教学活动中所达到的结果,也就意味着,具体教学活动不同,教学目标是有差异的。可以说,体育教学目标是一个系统,由大小不等、具有递进关系的一系列教学目标组合成的。它包括教学总目标、课程教学目标、单元教学目标、课时教学目标几个层次,各个下属目标都是其上位目标的具体化。人们追求的目标,总是有特定价值的目标,有特定价值的目标又总会吸引人们的追求。总之,追求价值是人们产生行为的内在动因。高校体育教学目标也是如此,必须有特定的价值,使人们通过选择教学内容、方法、手段等来达到这一价值。

(一)高校体育教学目标的发展过程

中华人民共和国成立 70 多年以来,我国高校体育教学目标从单一追求社会需要向追求社会需要与个体需要相结合的方向发展,可以通过六次体育课程标准的修订过程看到这一趋势。1956 年,我国第一套体育课程标准明确规定体育教学的目标是"培养学生成为全面发展的社会主义的建设者和保卫者"。1960 年,高校体育教材规定了体育教学的目标是:"增强学生体质,并通过体育向学生进行共产主义教育,使学生能更好地学习、参加生产劳动和准备保卫祖国。"1976 年至 80 年代中期学校体育课程标准规定体育教学目标是:"增强学生体质,使之在德育、智育、体育几个方面都得到发展,成为有社会主义觉悟的有文化的劳动者。"1992 年高校体育课程标准规定体育教学的目标是:"全面锻炼学生身体,增进学生身心健康;掌握体育的基础知识、基本技能,提高学生的体育意识和能力,为终身体育奠定基础;培养学生良好的思想品德,陶冶学生情操。"2000 年体育与健康课程标准规定体育教学的目标是:"学校体育与健康教学以育人为宗旨,与德育、智育和美育相配合,促进青少年身心的全面发展,为培养社会主义的建设者和接班人奠定良好的基础。"2002 年高校体育课程标准规定体育教

学的目标是："使大学生掌握体育与健康的基本知识、运动技能和科学健身方法；培养运动兴趣和爱好，形成终身体育的意识、习惯和能力；培养竞争意识、合作精神、坚强意志品质和良好的体育道德，增强控制情绪和抗挫折能力；养成积极乐观的生活态度和健康的行为方式；培养关注和参与社会体育与健康事务的能力。"从以上所列举的目标来看，1992年以前的体育教学目标要求学生增强体质，在德智体美几方面都得到发展，目的是为社会主义培养合格的建设人才，很明显，这一目标强调了社会需要，突出了体育教学的社会价值。1992年以后，体育课程标准对教学目标的表述发生了很大的变化，突出特点是重视了学生身心发展，为学生终身体育奠定基础，在教学中注重陶冶学生的情操等个体的需要，尤其是2000年的体育与健康课程标准明确指出"应以育人为宗旨"，更加明确了以学生为本的教学目标。从此，高校体育教学目标才实现了由单一追求社会价值向追求社会价值和个体价值相结合的方向发展。分析我国高校体育教学目标的发展轨迹可见，它与我国政治、经济、文化教育发展的时代要求相吻合。这个全国统一规定的教学目标，以及为实现这个目标而建立的一套体育教学的基本体系，其主要特征是：教学目标的统一性；教学要求的整体性；教材内容的系统性；教学管理的纪律性。

（二）高校体育教学目标的发展特点

任何阶段的体育教学目标的规定、发展和变化都是要与当时社会的政治、经济、文化的发展紧密相关的，都要服从、服务于社会的需要，遵循教育的发展规律；高校体育教学目标涵盖了智育、德育、美育和体育各个方面的内容，具有统一性，从而制定了统一的教学体系；体育教学目标是实现体育目标中的增强体质，增进健康的基本途径之一，在任何阶段增强学生体质仍是高校体育教学目标的首要目标。体育教学任务是体育教学目标的具体体现，高校体育教学目标的制定要完全符合全体大学生的身心发展规律和社会发展的实际需要。

（三）高校体育教学目标的发展趋势

在倡导"以人为本""健康第一""终身体育"的教育观念的同时，高校体育教学目标也从单纯追求学生外在技能学习转向面向全体学生的身心协调发展，打破传统的以运动技能传授为主线的教学体系，构建以学生的个体需要、体育能力、习惯的培养、健身娱乐、体育卫生健康知识传授为一体的新的教学体系。首先，重视发展学生身体，增强学生体质，体育科学基础知识、体育运动和卫生保健基本知识和技能的传授；其次，在高校体育课教学中，重视学生终身体育态度意识和行为、能力的培养；第三，在高校体育课教学中，强调适应和发展学生的个性，注意培养学生对体育的爱好和享受体育学习的乐趣。

（四）高校体育教学目标的价值取向

所谓价值取向，是人们价值思维和价值选择的方向性。体育教学目标的价值取向也就是在制定体育教学目标时对体育的价值思维和价值选择的方向性。体育教学目标是体育教学所要达到的目的，是一切体育教学活动的出发点，又是最终目的，同时也是体育教学目标的价值得以实现的可能，高校体育教学目标的价值取向分为社会本位和学生本位。社会本位要求教学以社会为价值主体，满足社会需要，把学生培养成社会所需要的人。学生本位要求教学应满足学生个体的需要，教学应以学生的兴趣、需要为出发点，让学生自由而自然地发展。

二、深入改革高校体育教学内容

（一）体育教学内容的概念

目前，我国体育教学内容的概念还没有一个统一的定义，体育教学内容的概念有如下三种。第一，体育教学内容是依据体育教学目标选择出来、根据学生发展需要和教学条件进行加工的，在体育教学环境下传授给学生的体育知识原理、运动技术和比赛方法等，体育教学内容与体育教材的意思基本相同。第二，为实现体育教学目标而选用的体育卫生保健基本知识和各种运动动作。第三，体育教学内容指的是在体育教学活动中，传授给学生的体育与健康知识、技术技能、培养思想品德、发展智力、体力的总体系。作者认为，体育教学内容是针对体育教学目标而选择的有利于促进学生身体健康的各种体育理论与运动活动的总称。

（二）教学内容的改革

高校传统的体育教学内容与中小学雷同，多而杂，重点不突出，无针对性。缺乏培养学生从事体育活动的兴趣、爱好、习惯以及独立进行身体锻炼的能力。体育课教学内容中，轻视理论知识教学的现象非常严重，体育人文、体育锻炼等有关科学知识的传授，缺乏针对性、时效性和长远性，学生对自己的体育实践往往没有深刻认识，因此难以在课后自觉锻炼。高校体育与社会体育断层，缺乏连续性和统一性，教材选择缺乏终身受益的内容，使不少大学生大学毕业后，体育活动也就终结了。因此作者认为，对体育教学内容应从以下几个方面进行改革。

1. 健身性

健身是体育的本质功能，也是体育教育追求的最根本的目标。尤其是面临着当今学生体质、体能下降的现状，更应选择健身强体的体育内容，比如我们在每一次体育课都加上了素质锻炼的内容。

2. 教育性

教育性即选择的内容蕴含着丰富的教育因素，对学生的体育意识、体育行为、道德品质、人格完善能产生深刻影响的内容。比如教师在课堂中，寻找恰当的时机穿插体育课的理论意义和实际意义。

3. 针对性

针对不同的教育对象，采取不同的措施，不可千篇一律，多鼓励，充分调动学生的参与意识。

4. 娱乐性

娱乐性即选择体育内容具有趣味性、游戏性与新颖性，对放松身心、消除疲劳、调节情绪、改善心态、丰富生活具有积极作用的项目，如攀岩和定向越野等。

三、创新高校体育教学方法

长期以来，我国的高校体育教学，一直以技术教学、技能教学、体能培养为主导思想，运动成绩为主要要求，生物体育、体能体育成为高校体育建设的目标，因而注重运动教育、技能教育、体能教育，注重教学的形式、结构、内容、方法、手段、要求、考核、评价等的统一性与标准化。在中华人民共和国成立初期和社会经济大发展初期，这种体育教学适应国家建设所赋予高校体育的目标和要求，促进了体育的发展，具有积极的意义。当前国家经济转型，世界文化交流激增，旧体育思想和观念的局限性与片面性凸显。高校体育教学如何与整个高等教育发展相协调，如何适应转型期体育建设的主题，如何适应人才培养的新模式，这是我们在 21 世纪从根本上改变现状，摆脱桎梏、创新高校体育发展模式的关键，也是能否在新形势下全面展示体育育人功能的关键。结合高校体育的实际，从教学方法入手，慎思素质教育及"健康第一"对体育教学提出的本质要求，以实践研究为基础，突破传统教学方法中不适合时代要求的内容。重新审视高校体育教学的教育本质，强调教师的导学与导练，让学生通过高校体育的教育具备一种自学自练的体育能力，以此推进高校体育教学"课内外一体化"整体性改革进程，促进高校体育适应时代发展的要求。

（一）当前高校体育教学方法存在的主要问题

1. 教学方法单一

当前，很多高校体育教师由于受到过去传统落后的教育思想观念的影响和制约，在开展高校体育教学活动中，往往存在教学方法比较单一的问题。在教学活动过程中，一些高校体育教师仍然停留在过去体育技术为主要教育目的的方法上，一般都表现为继承讲解、示范、练习等传统落后的教学方法。这样，教学效果可想而知。必须进一步转变教育思想观念，继承和发扬传统体育教育的长处，不断创新高校体育教学的方式方法，更好地为开展好高校体育教学服务，促进学生身心的全面健康发展。

2. 传统教学思想严重影响当前高校体育教学方法的革新

传统的体育教学方法是教育者有目的、有计划、有组织地对受教育者进行各方面的培养，以期改变受教育者的心理和生理现状，使教育者达到预期教育目的的活动。这种传统的体育教学观念往往只注重强调教育者主体作用，而忽视了受教育者的主观能动性的发挥。在推行素质教育和创新教育的今天，传统教学方法已经严重阻碍当前体育教学改革的发展。在传统的教学思想的禁锢下，学生在体育教学活动中一直处于被动、消极、受压制的地位，许多学生对体育课产生消极情绪。因此，改革高校体育教学方法，使学生课内与课外一样生气勃勃、积极主动。

3. 忽视学生主体作用的发挥

教学以教师、课堂、教材为中心，强调严密组织、严格纪律，重视教师"主"的作用，为了实现完整的教学进程，教师作为传授知识方面无可厚非。在真正的学习过程中，学生是主体，教学的主要目的是为了让学生通过教学有所获得，所有教学方法与形式的选择应该为这个目标而服务，所以在尊重教师作为掌握整个教学进程的主体作用的同时，更要尊重学习主体，学习主体的实际需要与个体差异是教师教学的依据，只有这样，才能使教学有章可循。

（二）高校体育教学方法改革的目的

众所周知，在高校体育改革中教学改革是重点。改革体育教学方法，加强学生获取知识的能力和对学生创新精神的培养，是深化体育教学改革的重要内容，对提高办学效益，保证体育教学质量的提高，具有重要的现实意义。1982年8月，邓小平同志在视察北京景山学校时指出："教育要面向现代化，面向世界，面向未来。"深刻地阐明了我国社会主义教育的战略目标。当前，从整体上看，从社会发展的观点来看，高等体育教育面临的将是信息化的社会和知识经济的社会，国力的强弱越来越取决于劳动者的素质，取决于各类人才的数量和质量，这对于培养和造就我国社会主义建设急需的人才提出了更迫切的要求。体育教学方法改革的目的在于适应时代发展的需要。改革的目标是培养有知识、有能力的、社会认可程度高的、全面发展的人才。

（三）高校体育教学方法改革的措施

1. 更新教育思想和教育观念

深入开展体育教学方法的改革，必须进一步更新教育思想和教育观念。高等学校体育教育必须树立全面加强素质教育，树立终身体育思想，增强质量意识等现代教育思想和教育理念，充分认识体育教学方法改革在整个教育教学改革中的地位和作用，把以教师为中心、以课本为中心的传统教学观念转变为以学生为中心、以学习为中心的现代教学理念；把重知识传授、轻能力培养的观念转变为既传授知识，又重视能力的培养，更重视素质教育的观念。在提高认识、转变观念的基础上，把体育教学方法的改革不断引向深入。

2. 实现新型教学模式的创新

创建以学生为主体的新颖教学方法是当前高校教学改革的主要目标之一，是改变传统的教学模式，建立一种既能发挥教师的主导作用又能充分体现学生认知主体作用的新型教学模式。在这种新的教学模式下，教师是教学活动的指导者和组织者；学生是知识的主动发现者和探究者；教学过程以学生的意义构建为核心，通过建立教学情境，师生之间、学生之间的讨论、协作，与理论紧密结合的实践，使学生达到发现知识、理解知识，并通过意义构建形成自己的知识结构。新型体育教学模式就是在先进的体育教学思想和教学理论指导下建立起来的适应各种类型教学活动的基本结构和框架。这些新的教学模式的出现，有的取向于各种模式的综合运用，有的取向于师生关系的建立，有的取向于教学内容，有的取向于技能学习与学生心理发展。实现学生从被动学习到主动学习，从生理改造到终生体育意识的培养，从能够学习到学习水平的提高，都是新的教学模式下教学方法的创新成果。

3. 改革体育教学的内容

体育教学内容是指为实现体育教学目标而选用的体育卫生保健基本知识和各种运动动作，它是实现体育教学目标的根本保证。方法是内容的运动形式，体育教学方法依体育教学内容而存在，它的选择和运用受体育教学内容的制约。首先，体育教学内容的形态制约着体育教学方法的选择。其次，体育教学内容的复杂程度制约着体育教学方法的选择。一定的教学条件下，体育教学内容过多，会造成体育教学方法的单一性，而将教学内容减少或压缩一些，就会促进体育教学方法选择的多样化。所以在体育教学过程中，教师只有独立地对体育教学内容进行重新加工，真正掌握其特点，并把它们转化为自己的知识体系，才能在体育教学方法上获得选择与创新的自主权。

4. 重课堂，优化教、学、练

体育教学方法的优化，不仅在于体育教师"教"的优化，更应包括学生"学""练"的优化。教学家陶行知先生认为"好的先生不是教书，不是教学生，乃是教学生学"，"教"应该着眼于学生的学和练，优化教育教学过程应该突出学练法的研究。所谓体育教法是教师依据体育教学目标，根据体育教学内容，向学生发送信息，传授体育知识、技术、技能的方式方法；而学法就是学习体育的基本规律、基本方法。因此，优化教育教学方法应该从两个层面入手：第一，要通过教学方法的优化使学生"要学"；第二，要通过体育教学方法的优化使学生"会学"。体育教学过程中教师既要注意学习认识规律、身心发展规律、运用技能形成规律的渗透，还要及时对学练方法加以优化，努力改进教学，以适应学生掌握和运用学练法。一切教法都要力求使学生会看、会做、会说、会练等。当教师的教学方法着眼于学生的学与练，引导学生达到先是"要学"，继而"会学"的境界时,"外因通过内因起作用",学生产生了兴趣,掌握了练法,体育教学的实施才能产生预期的效果。

5. 积极培养学生的创新意识

积极培养学生的创新意识,是创新高校体育教学方法的重要策略之一。首先,要创新思想认识。坚持发展娱乐体育与健身体育的有机结合,这是转变高校体育教育思想观念的具体体现,更是当前高校体育教学的根本任务。其次,要创新教学内容。教师应当结合实际选择一些符合学生身心健康发展的、深受学生喜爱的体育项目内容并开展具体教学活动。这样,就可以切实改变高校体育教学内容枯燥乏味的现状。再次,要创新教学方法。教师可以结合学生的需要,采用启发教学方式以达到引导学生自己动脑、动手思考和解决问题,进而不断激发和调动学生的积极主动性。可以运用发现式教学方法,不断培养学生发现问题、思考问题、分析问题的能力。也可以运用学导教学方法,促使学生积极自主进行学习,从而培养锻炼学生自觉性、主动性,不断养成学生自我锻炼、终身锻炼的行为与习惯。

6. 把握体育教学方法的整体性

体育教学方法的优化,不能局限于就教学方法来研究教学方法,而应用系统考虑构成体育教学方法体系中的各种因素以及它们之间的内在联系。首先,要把体育教学方法作为整个体育教学系统中一个重要因素,在体育教学过程诸要素之间考察其作用与效果。事实上,体育教学方法总是和具体的教学内容相联系并与一定组织形式相结合的。其次,要把具体的方法作为一个要素来研究,力求各要素的最佳组合。实现体育教学过程最优化,并不是将传统的体育教学方法摒弃,而是在提高质量的同时,使它们在具体的教学情境中实现最佳的组合。体育教学的特点决定了体育教学方法的多样性,它们各自的优劣只是一个相对的概念,所谓"好的教学方法",实为"最适当的教学方法",是相对具体的目标而言的。如"手把手"的方式教学用来使学生体会某些技术要领,获得"运动感受性试验"是行之有效的,但并不适用于所有技术。现代化的直观教具如电影、电视、幻灯等的运用大大丰富了直观教学手段,但也在一定程度上影响学生抽象思维的发展。可见多种教学方法都有其优越性和局限性。要根据各种教学方法的相互联系和辩证关系取长补短,相辅相成。发挥体育教学方法本身的整体综合效应。现代信息技术在体育教学中的应用,不仅为老师提供了新的教学方法,同时也为老师和学生营造了很好的交流平台。让教学更自然地延伸和发挥其应有的效果。根据具体情况认真研究课程建设、改革教学方法,从而营造一个现代化的教学环境是现代教育改革的必然要求。

四、完善高校体育教学评价体系

体育教学评价具有对体育教学活动及其效果进行判断，通过信息反馈调整教学过程，保证教学活动朝向和达到预定目标的功能。目前，高校体育课程的改革已成为高校体育教师探讨的热点问题。其中，注重让学生体验运动乐趣和发展学生主动性的体育教学模式，正在被许多高校所推广。但是，由于教学评价在我国起步较晚，不论是理论研究还是实践操作，都还处在一个不断发展的时期，作为教育评价的一个分支，体育教学评价工作开始更晚，许多方面还处在探索之中。由于与新的体育教学模式相配套的体育教学评价体系还没有及时推出，仍采用旧的体育教学评价体系评价新的体育教学模式，因此，推出新的高校体育教学评价体系是当前急需解决的问题。

（一）传统体育教学评价分析

传统的体育教学评价方法，采用运动项目测试的成绩给学生评分，这种方法是描述学生的个体水平及其在群体中所处的位置，对学生排名次，不能客观地反映学生学习的前后变化，作为体育教学效果评价不够合理。用什么样的评价方法来描述学生个体在学习过程中的变化程度，从而更合理地为学生评分，作者认为这是研究体育教学评价的目的。

1 体育教学目标认识的误区影响着体育教学评价的方向

体育教学目标影响着体育教学评价方向。关于体育教学目标的确立，一直存在着不同的观点：在学校体育目标与体育教学目标的异同上，在体育教学中增强体质与提高健康水平的互相联系上，在提高运动技能水平与掌握锻炼身体的方法上，在提高运动技术技能与掌握手段的互相关系上，在对终身体育意识和体育能力的认识上，甚至在教师主导作用上都存在一些误区。由于体育教学目标的内涵不明确，层次模糊，导致课堂教学任务的确定、教学内容的选择、教学方法的应用都受到影响。这种体育教学目标认识的不一致，必然会在教学评价体系的具体指标中反映出来，并对体育教学的方向产生影响。

2. 注重评价指标定量化导致评价结果的片面

注重量化，强调可操作性、可比性，是体育教学评价的一种倾向。人们认为量化的东西比较客观，便于操作，其结果的可比性也很强，因此热衷于进行定量分析，忽略了对评价目的和评价理论的深入研究和认真分析，这种片面性主要表现在评价指标体系总是以能直接量化的因素为主体，如学生的技评与达标成绩，学生的达标比例，上课时学生的密度、强度、运动量曲线等，然后将不易量化的教学行为采取分级量化的形式，对优秀、良好、及格、达标、不达标等级给予相应的分数，而那些在体育教学中很有意义，但很难量化的因素却被忽略了。如学生正确的体育态度的形成、情感意识的发展、终身体育意识的树立、体育能力的自我超越等，都是体育教学目标的重要因素，应该作为体育教学评价的重要内容，大多在评价体系中没有体现。显然，这样的指标评价体系是不完整的，评价结果是片面的。

3. 结果的功利性影响评价结论的客观性

运用客观标准对体育教学进行检查，并通过认真分析和评判，得出结论，然后进行信息反馈，以进一步改善教学，这是体育教学的出发点和落脚点。教师自己主动评价时，这种指导思想容易得到体现，一旦评价的结果同教师评优、晋职等联系起来时，就蒙上功利性色彩，得出的评价结论往往就会变得不公正起来，评价者可能就会考虑各种与评价无关的因素，只肯定成绩，对改进教学的意见却闪烁其词，避而不谈，使评价结论失去了公正性，不能客观地反映评价的真实情况，体育教学评价就失去了它应有的价值。

（二）高校新的体育教学评价与传统体育教学评价的区别

1. 评价的指标所体现的作用不同

传统体育教学评价的作用在于学生对总量掌握了多少；而新体育教学评价除了具有传统体育教学评价的功能外，还包含学生完成目标的情况。

2. 评价对象的影响范围不同

传统体育教学评价对部分学生的影响是消极的，有的学生"不努力都行"。而有的学生"怎么努力都不行"。而新体育教学评价要求所有学生都要确立目标，影响范围广，是积极的"只要努力就行"。

3. 由终结评价向过程评价转化

传统体育教学评价定位于教学内容结束时的最后评分，而新体育教学评价考虑的是起始目标到终极目标的变化程度，是过程目标和终极目标的结合。

（1）评价从重结果向重过程转化。目标评价的目的是通过评价教学过程，从而达到督促和鼓励学生学习，修正和改进教师教学方案的作用，发挥反馈功能。

（2）评价内容从单一向多元转化。影响体育教学评价的因素是多方面的，它是对学生学习效果的多因素评价。

（3）评价方法从定量到定量与定性相结合转化。体育教学评价包含着学生的情感态度等非智力和非体力因素的结合，定性分析纳入评价的内容，量化指标的重要性相对降低。

（三）新的体育教学模式与传统体育教学评价间存在的问题以及解决的办法

1. 主要问题

新的体育教学模式与传统体育教学评价标准间存在的主要问题，将会导致学生所学项目与所考项目的不一致,致使学生不重视学习过程,从而挫伤了学生的学习积极性和主动性。

2. 解决方法

(1) 给学生一个较大的选择空间。不论学生在每学期当中选择什么专项,除了进行专项内容的考试外,还应对几个规定的项目进行考试,他们就会自觉地去练习要考试的项目。这样可促使学生养成自觉锻炼的好习惯,从而为学生从事终身体育锻炼打下良好的基础。

(2) 给体育教师一个较大的评价空间。每个学生在体育基础、体质状况等方面都存在差异,体育教师在上课时要摸清每个学生的情况,对学生评价因人而异,根据他们上课的态度、进步情况、成绩差异等进行综合评价。从另一个角度说,体育教师得到了一个宽松的上课环境,可以对那些少数认为自己体育成绩可以轻松过关而又不好好上课的学生,给予适当的减分,而对那些体育基础虽然较差,但认真上课的学生,给予适当加分,这样对学生的评价就比较合理和公平。

(3) 给学生自我客观评价的机会。我国现行的评价标准都是由教师完成的,体育学科应该尝试学生自我评价的形式,让学生自己做一个较全面的回顾,然后对自己的体育学习进行小结,这样对学生今后的体育学习态度和学习热情十分有利。当然,学生自我评价前,教师首先要给学生强调自我评价的客观性,如果发现学生自我评价不客观时,体育教师要参与其中,帮助学生端正态度,给自己一个客观的体育自我评价。

(4) 引导学生互评。教师对学生的了解,不如学生之间的了解。采用学生互评方式,可使评价的真实性更高,同时,学生互评能够避免学生自我评价的较大水分。因此,将学生互评与学生自我评价、教师评价结合起来,对学生的学习评价更客观、更全面、更立体。

(5) 引入相对评价。教育部颁布的《全国普通高等学校体育课程教学指导纲要》规定,要把"学生的进步幅度纳入评价内容"。如学生在此学期开学时的体育成绩较差,经过一段时间的努力后,成绩有了很大的进步,但仍未达到现行的体育评价标准中的合格标准,这时体育教师就可以根据相对评价的原则对这部分学生进行正确的评价。

(6) 将评价的标准区间值增大。我国现行的体育教学评价标准把分值划分得很细,这样容易使学生只注重体育评价的结果,而不注重体育锻炼的过程,使学生产生急功近利的思想。在国外一些著名高校的教育体系中,所有的学科成绩评价均采用A、B、C、D、E五个档次。作者认为,可以将这种方法借鉴到我国的体育教学评价中来,把国外的这个标准换算成我国的百分制,20分一个等级,制定评价标准时可以实行这样的分级制度,把学生引导到注重体育锻炼的过程中来。

（四）新的体育教学评价标准的设计

表1-1　新的体育教学评价标准

分值权重	教学评价的内容	评定形式
体育专项技术分占50%	学生每学期在素质项目中任选一项作为考试内容，再在技能项目中任选2~3个项目考	打破原有的系别、班级建制，重新组合上课，以满足不同层次、不同水平、不同兴趣学生的需要。学生按照自己的意愿自主选择
教师评价、学生自评、互评分占20%	对学生的学习评价应是对学习效果和学习过程的评价，学生的自评、互评要求客观、真实	主要包括体能与运动技能，认知、学习态度与行为、交往与合作精神、情感表现等
学生的进步分占20%	每个学生在进校时都应该测试一个体育成绩，这样在每个学期末时就可以根据这个成绩作为对照分进行比较，把学生的进步情况纳入到期末成绩中	对每个学生每学期的期末体育成绩都以该学生上一个学期期末体育成绩作为对照，教师在这个分值里要把好关，杜绝学生弄虚作假的现象
理论教学分占10%	重视理论与实际的结合，在运动实践教学中注意渗透相关理论知识，并运用多种形式和现代教学手段	每学期安排约4学时的理论教学，扩大学生的体育知识面，提高学生的认知能力

正确、合理的体育教学评价是高校体育教学改革不可缺少的一个方面，传统的体育教学评价已经不能满足新时期体育教学的需要，因此，不断探索和完善新的体育教学评价体系尤其重要。

第三节　高校体育教学现状的分析和创新设想

一、高校体育教学现状的分析

（一）忽视体育科学传授

当前高校的体育理论教材不仅比重偏小，而且内容不详细，缺乏实效性、针对性和长远性，实用价值不高，未形成一个适应现代发展的大学生体育理论知识体系及相应的教育检查和评定措施。学生对自己的体育技术技能知其然而不知其所以然，不清楚自己是否需要这些练习，故而难以在课后进行自觉锻炼。

（二）体育教学目标狭窄

高校体育与社会体育断层，缺乏连续性和统一性。两者之间尚未开辟出教育通道，过分注重学生的现实锻炼，盲目追求体育教育的近期成果，片面地将增强学生体质的教育目标归结为增强在校期间学生的体质，缺乏培养学生从事体育活动的兴趣爱好、终身参加体育锻炼的习惯和独立进行身体锻炼的能力。

（三）教材杂乱而不精

教材的选择过多地从运动技术角度考虑，过多地强调以传授运动技能为中心的教学目标，偏重运动外在表现形式，大多活动项目缺乏终身受益内容，远远不能适应大学生成年后的运动要求。由于缺乏一定的终生健身运动项目，不少大学生从学校毕业后体育生活也随即停止。一个大学生接受了十几年的体育教育，在他走上工作岗位后，竟与体育告别，这与体育教学忽视培养学生健身意识、能力和习惯有直接关系。

上述情况说明，在高校体育教学中盲目地把运动技术传授推到至高无上的地位，忽视学生身心发展的特点和个体差异，把许多难度高、技术复杂的竞技运动项目原封不动地搬到高校体育教学中来，并统一教学要求与考核标准，而采用的教学方法与教学步骤又是专业院校专项教学方法的浓缩，致使学生望而生畏，难以掌握技术，从而产生厌学情绪。

二、创新高校体育教学现状的设想

（一）树立全新教学观念

明确高校体育教学在当前形式下的重要职责，坚定地树立起崭新的体育教学观念。

（1）体育教学是培养新世纪人才必不可少的教育环节，高校育人的目标不单是向学生传授科学文化知识，更需要注重的是学生的德、智、体综合素质的培养。

（2）着眼于未来新时代的新要求，以终身体育锻炼取代传统的课堂体育教学观念，着重培养学生的终身健身理念。

（二）加强基础理论知识学习

高校学生应不断提高认识与学识修养，应具备不断发展的能力以适应新变化的出现，应具有从缺憾向完美阶段前进的潜能。因此在设置体育课程的具体内容时，应增加运动原理、强健体质以及人体、物理力学等理论知识。并且要具有突出性、实效性、指导性、针对性与时代性，使学生能够在体育教学中终生受益。

（三）加强硬件设置建设与师资力量投入

体育场馆、运动器械与师资队伍的质量是培养高素质学生的必备条件，改善场馆设施是提高高校体育工作水平的当务之急。制约高校人才培养和高校体育改革的又一重要因素是学校师资队伍的质量，由于当前知识更新速度快，交叉学科和边缘学科发展迅速，所以只有适应高速发展的高素质教师才能培养出高素质的学生。因此，应该加强教师之间的学术交流活动，定期派遣教师到先进学校进行学习，以提高教师教学的水平与能力，并鼓励体育教师积极参与相关的科研活动。

（四）将"终身化"作为高校体育教学的宗旨

社会的发展需要终身化体育，同时也是人们工作、生活的基础性需要。从高校体育教学的实际情况以及全民身体素质的实际情况出发，增加体育课时，延长体育教学年限势在必行。在大学体育教育阶段进行全程体育课程教学，并贯穿于四年大学教育的全过程当中，以提高学生主动健身的意识，使学生认识到终生健身锻炼的重要性，从而保证学生在毕业后依然能够熟练地运用两种以上的锻炼方法和手段，真正实现体育锻炼终身化。

第四节 高校体育教学环境的设计与实施

一、高校体育教学环境的构成因素

（一）高校体育教学环境的物质环境

高校体育物质环境是指体育场馆、体育器材等。良好的物质环境是保证高校体育教学和体育活动开展的重要物质条件，是实现体育教学目标，提高学生健康水平的重要物质支持。高校漂亮、宏伟、造型各异的体育场馆，是激发学生体育兴趣，保持参与锻炼的动力之一。

（二）高校体育教学环境的制度环境

制度作为约束和强化实践活动的组织内容，高校的体育制度是保证学生锻炼时间、提升体育开展约束力的重要内容。当期高校的体育制度主要指学校体育工作条例等，各个学校制定适合学校体育活动开展的制度，也是保证体育教学开展的重要依据。灵活、严谨的制度环境是提升高校体育环境建设质量的重要保证。

（三）高校体育教学环境的舆论环境

良好的体育氛围能够有效地发挥体育先进人物、先进事迹的激励作用，提高大学生从事体育锻炼的积极性。在更高的层次上，提高大学生对体育的认识、体育习惯的养成、参与体育锻炼的动力等。体育舆论环境是实现大学生从被动接受体育转变成主动参与锻炼的条件。

（四）高校体育教学环境的心理环境

高校体育教学的心理环境是体育教学中无形的、动态的软环境部分，主要包括班风与校风、学校体育的传统与风气、体育课堂常规、体育教学中的人际关系等。体育教学中的人际关系主要是体育教师与学生的关系、学生与学生的关系。

二、高校体育教学环境的设计

高校体育教学环境对体育教学活动至关重要，高校体育教学环境在高校体育教学活动中处于至关重要的地位。良性的高校体育教学环境对体育教学活动起着积极的作用，这种积极的影响促进了体育教学目标的达成，教学内容的丰富，教学原则的落实和教学评价的完善。

（一）高校体育教学环境的现状

高校体育教学环境的现状并不理想。一方面是领导不重视，另一方面来自部分高校自身物质环境的劣势。许多学校没有体育馆、游泳馆，部分学校体育设施不健全，还有部分学校没有良好的体育传统，学校不重视体育场地的建设和维护。另外，很多高校师生和学生之间的人际关系紧张，一半以上的学生觉得本校体育场地的布局不合理。在有体育馆的学校，对体育馆的建设和维护上也存在多方面的弊端。总之，目前高校的体育教学环境远远达不到学生和社会的要求和期望，高校体育教学环境急需设计和优化。

（二）高校体育教学环境设计的原则

1. 教育性原则

高校是一个特殊的环境体，高校的作用在于净化身心，启迪知识。因此对高校体育教学环境的设计和优化要注意教育性原则，要有利于激发学生的体育思维，有利于提高学生的体育动机，有利于陶冶学生的体育情操。

2. 科学性原则

将体育教学环境的设计与优化从体育教学目标、体育教学内容的实际和特点出发，尽可能满足体育教学活动的各种需要；体育教学环境的设计与优化要符合学校美学、生态美学、建筑美学等基本要求。

3. 系统性原则

高校体育环境构建是促进教育优质化实施的措施之一，是高校体育部门的任务，也是高校多个部门相互支持的结果。从系统观的角度出发构建体育环境，首先要求要提升环境的系统意识，以发展高等教育为目标，做好高校体育环境建设的资源开发和共享。第二，提升高校体育制度的有效性和适用性。第三，加强高校体育舆论宣传，促进学生参与体育锻炼的积极性，更好地带动高校体育环境氛围的建设。

4. 区别对待原则

体育教学环境的设计与优化要考虑不同年龄、不同性别、不同身体素质的学生身心发展的基本规律，要照顾大多数学生的需要，另外要特别关注部分特殊群体的需求和个性发展需要。

5. 人文性原则

所谓人文性原则是体育教学环境的设计与优化要始终以学生为本。各种体育教学设施的设置不仅要体现对学生的人文关怀，考虑到学生的生命安全、卫生等，而且还要营造出和谐的、充满人性的、民主平等的氛围。

6. 实用性原则

所谓实用性是体育教学环境的设计与优化，要根据各个高校的实际情况和实际经济条件，符合经济、高效、实用的宗旨。注重体育教学物质环境的因地制宜以及高校体育教学心理环境的独具特色，形成各个高校的特色。

三、高校体育教学环境的实施要素

（一）以学生发展为主，提升环境对兴趣的激发效果

要充分利用高校体育课程的开展，提升高校体育环境的使用和改进空间，充分保证体育环境的建设进程。通过认真组织和实施体育课，保证学生掌握体育技能的有效性，不断提升学生的体育意识和体育观念。充分借助高校的文化优势，加强对新兴运动项目、新生体育明星的宣传，更好地激发大学生参与运动的激情，保证体育环境创新特点的延续。其次，要不断增强体育学习内容的新颖性和适用性，在促进学生体育技能、体育意识发展方面，构建体育教学的环境氛围。

（二）加强高校体育制度环境的创设，提升高校体育教学的规范化

在高校体育环境创建的过程中，要在遵守学校体育工作条例的基础上，制定适合高校体育环境形成的考核办法，加强对大学生运动会、课外社团、竞技比赛等管理制度的制定，从场地场馆使用制度，到运动员选拔制度，都按照一个良性的运作过程，来提升制度环境创建的有效性。

（三）创建适合高校学生身心发展的体育环境

高校学生在接受体育教育的过程中，身体素质得到了一定的发展，如果对于一些所谓的"优秀课程"不假思索地照搬照抄，结果就是很有可能造成学生对体育课的敷衍了事。因此，只有选择合适的体育教学内容，才能够使学生真正爱上体育课。

（四）充分利用高校的体育教学物质环境

充分利用学校已有的各种有利的环境条件，创设具有特色的学校体育教学环境。在高校体育教学环境的设计与优化中，各个高校要充分挖掘，精心设计、开创和突出各个高校的体育教学特色，合理地变通，将不利的体育教学环境转化为有利的体育教

学环境。

（五）加强体育课堂教学管理，营造宽松、和谐、民主的体育课堂氛围

从基本的规范强化课堂的教学管理，同时发挥骨干的作用，帮助学生进行自我管理，提高学生在体育教学活动中的自我约束能力。培养学生主动参与体育学习的态度和习惯，让学生主动参与到体育教学活动中，注重课堂教学活动中的人际情感交流，形成教师与学生互相激励、互相鼓舞的良好情感氛围。

第五节　高校体育教学模式发展趋势研究

学校体育是国民体育的战略重点，这是我国体育理论界早已达成的共识。高校体育是学校体育的最后一环，与社会体育紧密相连，其教育效果与整体发展水平对我国正在实施的全民健身计划起着举足轻重的作用，因而应站在历史的高度，以战略的眼光来认识高校体育教育改革的重要性和迫切性。教育改革应以教学改革为核心，而教学改革的核心则是课程设置和教学内容的选择。在本节中，作者把高校体育的目的任务定位于健康教育与终身体育意识的培养和发展上，并以此为基点，力求构建一个理论依据充分、实效性和可操作性较强的高校体育教学课程模式，并对这一课程模式的整体运行机制作初步探讨。

教学模式是按照一定原理设计的一种具有相应结构和功能的教学活动组合或策略，它既是教育系统和教学过程的具体化和实践化，又是教学形式和教学方法的综合载体。

一、高校现行的几种体育教学模式

表1-2　目前高校体育教学模式

序号	类型	特征	形式	优点	缺点
1	三基型	注重传授体育基本知识、基本技术和基本技能	多以原教学班为单位	注重发挥教师的主导地位，使学生扎实掌握"三基"，教学规范	一味重技术，轻理论
2	一体化	注重培养学生体育锻炼习惯	把早操、课外活动和教学有机结合	有利于培养学生体育锻炼习惯，增强体质，使体育场地、器材得到充分利用	教师工作量大
3	分段型	基础课、选项课、选修课并存	以原班级或分班级为单位	既重视"三基"，又重视体育能力的培养	学习不易深入

续　表

序号	类型	特征	形式	优点	缺点
4	快乐型	注重学生心理体验	以原班级或分班级为单位	能调动学生对体育的兴趣，使学生在体育活动中身心得到健康	教学随意性大
5	康乐型	重视学生身心健康	根据学生兴趣划分	既能兼顾学生对体育的兴趣，又能使学生的身心健康得到协调发展学生	对体育知识了解单一
6	俱乐部	高校体育与社会体育接轨	分班分层次	有利于树立学生终身体育思想，培养终身体育习惯	只进行单一的体育活动，身体机能难以协调发展

二、构建高校体育教学新模式的对策分析

（一）构建普通高校体育教学新模式的分析

构建一个完整的体育教学模式包括教学思想、教学目标、教学结构和教学方法等诸多方面，因此改革体育教学模式，实质上就是对体育教学过程的重新整合，其结构是否合理主要看教学的组织形式和方法是否适应学生的需要，是否最大限度地实现教学目标。目前普通高校体育教学模式存在着一方面众多体育教学思想一齐涌入体育课堂；另一方面高校体育为体现有别于传统的教学思想，在教学中尽可能多地接纳，造成体育教学主题分散、华而不实、负担过重。目前高校广为采用的以班为群体形式，虽然整齐划一，秩序井然，便于教学管理，却不易于对大学生的个体差异、兴趣爱好、掌握技术的能力等进行卓有成效的教育与培养，这显然不利于教学目标的实现等等。

（二）构建高校体育教学新模式的对策

（1）明确高校体育教学应遵循和坚持的指导思想。

（2）依据指导思想，改革体育教学内容与教材。

（3）改革体育教学班的组成方式，让学生在不同的教学阶段选择参加不同组合项目的教学班。

（4）改进教学方法，当前，应着重研究如何根据多样化的课程内容和针对不同的教学对象采用有效的教学方法。

三、适应素质教育要求，构建新的高校体育教学模式

从以上几种模式可以看出，教学模式越来越重视发展能力，重视学生的主导地位，各种教学模式互相借鉴，共同发展。要充分发挥教学模式的作用，优化教学结构，必须树立正确的体育教学观念。

（一）树立全面育人的体育教学观念

高校体育教学应当从培养跨世纪的德、智、体全面发展的高素质人才出发，给予大学生全方位的教育，即体育教育、健康教育、竞技教育、生活教育和娱乐教育等。

（二）树立主动体育的体育教学观念

在体育教学中，既要充分发挥教师的主导作用，又要注意发挥学生的主体作用，努力调动学生学习体育和锻炼身体的主动性和积极性，激发学生对体育的兴趣，让学生主动地、自觉地体验体育学习的乐趣，从而促进学生身心健康发展，培养学生终生进行体育锻炼的习惯。

（三）树立三维综合评价的体育教学观念

在评价体育教学效果时，不能仅仅以提高生理机能为标准，追求生物学改造的效果，而应该从生物、心理和社会三维的角度来综合评价体育教学的效果。三维体育的教学观，反映了体育教学是一个多功能、多目标的动态系统，它通过大量的体育教学实践取得效果。

四、新的体育教学模式的设计

（一）第一学年：基础课

以全面锻炼和提高身体素质为主，通过体育基本知识的传授和基本技能的培养来实现高校体育的目标。可根据具体的场地器材等条件，充分发挥教师的主导作用和能动作用，使学生身体素质和身体技能得到全面发展，为参加第二学年的选项打下基础。考核时，以全面的素质指标和技能指标为主。

（二）第二学年：选项课

根据学校场地、器材和师资等情况，按项目开设若干个选修班，由学生根据自己的特长和兴趣，选择项目和教师。在具体的实施过程中，每个项目根据学生掌握技术的情况可分为初、中、高级班，既可满足学生初选，又可满足再选。体育特长生可根据项目编入高级班。考核时，以技能指标为主，结合一定比例的素质指标。

（三）第三、四学年：俱乐部协会制

俱乐部教学模式使高校体育与社会体育接轨，它在树立学生终身体育思想和培养终身体育习惯方面的作用是其他教学模式难以替代的。可集中开设一些项目，以学生自我锻炼为主，开展有偿性教学。这不仅有利于增强大学生的体育意识，培养经常锻炼身体的习惯，也有利于把大学生的体育教学过程延伸到高等教育的全过程，保持体育教学与课外活动的统一性和连贯性。

五、新的体育教学模式构建的依据

（一）新时期对传统体育教学模式变革的需要

新的《全国普通高等学校体育课程教学指导纲要》要求"把健康第一的指导思想作为确定教学内容的基本出发点，同时重视教学内容的体育文化含量"。面对新时期社会、经济、文化的快速发展，学生在学校所学的知识很可能在离校不久便弃用了。因此体育教学应该使学生了解终身学习的重要性，培养学生终身学习的习惯和技能，使其走向社会后，能够成为终身学习的实践者。

（二）新时期对高校体育教学改革的要求

高校体育教学改革必须做到：体育的终身化、体育的民主化、体育的多样化和体育的个性化。体育的终身化就是打破学校体育的原有空间和时间的限制，把体育扩展到社会和人生的每个阶段。体育的民主化就是打破不平等、不民主，改变以教师为中心，学生被动服从的教学关系。体育的多样化就是在体育教学中采取多种教学方法，提倡师生之间、学生与学生之间的多边互动活动，努力提高学生参与的积极性，最大限度地发挥学生的创造性。体育的个性化就是在体育教学中每个学生所显示的各种不同的运动本能、素质、价值取向、集体荣誉等。

（三）新时期为高校体育改革提供了条件

高校体育自改革开放以来取得了令人瞩目的成就，集中体现为四大优势：一是人才优势；二是信息优势；三是物资优势；四是地位优势。这四大优势说明，高校体育教学模式的改革具有坚实的基础。

（四）高校学生对体育教学模式的选择需要

作者曾过对湖北经济学院、武汉大学、华中科技大学、武汉工程大学、湖北大学等院校750名高校学生就你喜欢的体育教学模式进行问卷调查，结果选择以全面发展身体素质为主的"基础课"37人，占4.9%；选择与社会接轨的"俱乐部"协会制的156人，占20.8%；选择以兴趣爱好为主、能够自由选择教师的"选项课"185人，占24.7%；选择一年级"基础课"，二年级"选项课"，三、四年级"俱乐部"协会制的

372 人，占 49.6%。调查结果表明，第一学年"基础课"，第二学年"选项课"，第三、四学年"俱乐部"协会制是最受高校学生喜爱的教学模式。

六、高校体育教学模式的发展趋势研究

体育教学模式是体育教学活动赖以开展的必要条件，但体育教学模式并不是一成不变的，必须明确是由内容决定形式，而绝不是由形式决定内容。

（一）体育教学模式的开放化

目前，全国各大高校体育课教学模式不尽相同，各校根据校情不同会采用不同的适合自己的体育课教学模式，大的改革方向还是一致的，都是朝开放式的、更加符合当代大学生心理和生理特点发展的方向进行。开放式体育教学模式是今后一个发展趋势，特别是随着社会的发展和进步，电子产业和信息技术的迅猛发展并直接介入体育教学活动，使输送信息的手段灵活和开放。

未来的高校体育将采用多种途径、多种方法、多种形式来满足学生对不同体育的要求，向社会开放，向国际开放，体育课堂也将扩展到社会，扩展到大自然。

（二）体育教学模式的多元化

随着学校教学由"应试教育"向素质教育的转轨，高校体育应从学校的"阶段体育"向"终身体育"转变，从片面的生物学评价或运动技术评价向综合性评价转变。体育价值观从单一的健身向健身、健心、娱乐等多元价值观改变，单一的体育教学模式无法满足多元的体育教学目标的需要，因此要从单一的教学模式向复合式的、具有现代性和科学性的教学模式转变，并且多种教学模式相互渗透、互相依存将是未来高校体育教学的发展趋势。

第六节　高校体育教学改革的研究

伴随着我国改革开放的脚步，高校体育课程教学走过了 40 多年的风雨历程。站在科学发展观视角，回顾改革的历史，探讨改革的得失，分析目前的状况，寻求发展的策略，无论是对高校体育课程理论体系的建设，还是对推进教学改革实践的深化，都具有积极的意义。

一、高校体育教学中普遍存在的问题

（一）教学目标理论与实践不完全一致

现行的高校体育课程教学目标涵盖了"运动参与、运动技能、身体健康、心理健康、社会适应"五个领域的内容。从理论上看，它充分关注了学生的健康成长和人的全面发展，体现了"以人为本"的时代理念。但在实际操作中，由于教学内容、教学组织形式、学生个体水平不同，要通过有限的教学时间（144学时）完成五个领域的教学任务是极其困难的。加之近年来我国高等教育规模的急剧扩张，给大多数学校带来的教师资源不足、体育场地设施短缺等问题，要全面达成教学目标事实上几乎不可能。

（二）教学效果测量与评价不科学

教学效果测量方法与评价标准的改革步履维艰，至今仍未走出"生物体育"的怪圈。测量与评价课堂教学效果的通行方法是监控学生的心率变化，无论什么类型的体育课，也不管课的教学内容、教学任务是什么，无一例外地是通过"摸脉"获取学生心率的变化情况，由此推断其生理负荷，进而评价教学效果。至于教学目标中运动参与态度、知识技能掌握、心理品质培养等方面的指标，或是因为课时计划（教案）中原本就没有设计具体的达成路径与措施，或是因为根本就没有切实可行的办法进行操作而不得不将其束之高阁。

（三）教学改革重心偏移

长期以来，国家、省（部、委）重点资助的高校体育课程改革研究项目主要集中在"985""211"大学，教学改革的试验区也局限在位于中心城市且办学条件好、生源质量高的重点大学。真正能够代表我国高校主体的地方院校（占高校总数80%以上），始终被搁置在边缘地带。教学改革实践中，站在教师"如何教"的角度，进行"教法"改革的项目与成果俯拾即是，而站在体育课程学习主体——学生的角度，研究"如何学"的问题，进行"学法"改革项目与成果少之又少，改革的重心偏移。

（四）课改试验事倍功半

课程改革试验是对未知领域的探索，是走前人没有走过的道路，局部乃至整体的失败都是在所难免的，即使是失败了，至少也可以为后来者提供借鉴，从这个意义上讲失败是成功之母。但对传统教学理论近乎是颠覆性的"新课改"试验，自2001年开始在全国38个国家级试验区试行，至今未见到任何实验区的任何实验失败的报道，高校体育教学改革亦是如此。事实上，"新课标""新纲要"的教学理论还远未成熟，在用以指导体育课教学实践时经常会遇到捉襟见肘的情况。这些"情况"长期被好大喜功的心态屏蔽，致使课改试验事倍功半。

（五）理论研究缺少争鸣

在体育课程改革研究中，对上级主管部门的指示和意见，非高声赞颂即积极响应，少有学术质疑。对专家、学者提出的某种新观点或学说，紧随其后的通常是对它的注释和佐证，没有不同观点的争鸣与批判。这种近乎"跟着疯子扬土"式的学术风气，使得改革实践中涌现出来的一些极具发展前景的学术观点和实操范例，在无所节制的滥用和沸沸扬扬炒作中早期夭折。长期以来，缺乏争鸣与批判，已成为体育教学改革与研究领域久治不愈的"顽症"，严重地阻滞了学术发展，是我国至今未能形成具有本土特色的、完整的体育教学理论体系的根本原因。

（六）教师管理导向错位

现行的高等学校教师工作绩效评价与职称晋升制度中，学术论文的数量是衡量教师业务水平、决定其职称升迁的硬性指标。没有在学术期刊尤其是核心期刊上发表一定数量的论文，就无法在教师队伍中立足，至少是无法迈进精英队伍——高级职称的行列。面对关乎自身生存发展的选择，体育教师不得不放弃深入探求体育教学规律、不断提高教学水平的价值追求，而将大量的精力用于揣摩学术刊物的"口味"，研究与本职工作毫无实际关系的"纯理论"问题。撰写论文成了教师的第一要务，发表论文成为从事研究工作的唯一目的，致使大量教学改革的实际工作处于被动应付的境地。

二、高校体育教学改革的具体措施

根据教育部《大学体育教学基本要求》的精神，结合我国高校体育教学的现状，并借鉴成功的国际体育教学经验，我国高校体育教学改革应从课程标准、教学模式、课程设置、教学评估以及师资队伍建设五个方面入手。

（一）制订有本校特色的课程标准

各高校应根据本校学生的特点，结合本校的办学特色和人才培养方向，参照全国统一的课程标准的要求，制定本校的科学化、系统化、个性化的体育课程标准及具体实施方案和细则，指导本校的体育教学工作。

（二）转变教学思想，改革教学模式

当前大学体育教学应由传统的"以教师为中心"向"以学生为中心"转变，强调师生互动，发挥学生的主体作用和教师的主导作用，充分调动学生的学习积极性，使学生实现由要我学到我要学、进而达到我会学的根本性转变。在新的教学模式下，教师的角色理应发生革命性的转变，教师应由过去单纯的体育技术的传授者转变为教学内容的设计者、教学活动的组织者、教学过程的监控者、教学结果的检验者以及学生能力的培养者。改革教学模式时，应实施分层与分流教学、普修与专修教学相结合，

课堂教学与课外体育锻炼相结合，大班上理论课与小班上技术课相结合，课堂教学与开放式自主教学相结合，传统教学与多媒体辅助教学相结合等多种方式。学生可在同年级、多种教材范围内自由选择上课。在考试方面，将通过学校进一步建立体育理论与实践试题库，以抽签形式确定考试内容，并对结果给予评价。在完成体育教学任务的同时，增加体育选修课程，为培养学生的终生体育意识打好基础。

（三）改革高校体育课程设置

从我国高校体育教学的实践不难发现，一方面，体育课的教学内容和学时不能满足学生兴趣和锻炼身体的需要，学生总是围绕达标、考试而进行学习锻炼，这在一定程度上抑制了学生的个性发展；另一方面，高校体育教学仍沿用传统的"运动训练法"和"普通教学法"，即通过教师的讲解示范、学生的模仿练习，以达到应付达标和考试的目的。课程结构、教学内容与教学方法仍然停留在一种"大学名称、中学内容、小学组织"的模式中。

由于长期以竞技体育知识为中心或过分强化了其知识、技能在体育教学内容中所占的比重，而导致了学生自身竞技知识与健身能力之间的失衡。显然，这种重竞技知识、轻健身能力，重共性、轻个性的课程设置模式与素质教育的理论相背离，不利于现代社会创新人才的培养。因此高校体育课程的设置，在内容上要充分考虑学生的兴趣及其运动习惯的养成。在高校课程安排上应相应地减少体育必修课的比例，增大选修课的比例；应该加强课外体育锻炼的组织与实施，建立以健身为主要内容的新体系。体育的课程内容需要增加大量的休闲运动，尤其是终身体育的内容要不断地增大，使学生体会到运动的价值不仅在于提高运动技术水平，更重要的是要掌握健康运动的科学方法；为增进自身健康服务。增设学生喜爱的体育休闲项目，提高其参加体育活动的兴趣，激发其锻炼的动力，充分发挥学生的积极性和创造性。

（四）改革高校体育教学评估体系

教学评估是教学过程的一个重要环节。全面、客观、科学、准确的教学评估体系对于实现课程目标至关重要。它既是教师获取教学反馈信息、改进教学方法、提高教学质量的重要依据，又是学生调整学习策略、改进学习方法、提高学习效率的重要手段，它还是教学管理者调整和制订教学计划、合理安排课时分配的重要参考依据。而传统"一刀切"的考核与评价方法，对考查学生的全面发展程度和各项身体素质的提高都存在着很大的局限性。单一的成绩评定容易挫伤部分学生的学习积极性，不利于学生形成正确的现代体育意识和健身观。因此，对学生体育成绩的考评应从以下三个方面进行：一是注重学生学习过程的考查。学生学习和练习过程的质量在很大程度上决定了其结果的质量。因此，那种只重视结果而不注重过程的做法是不妥的。二是要重视发展个性的考评，以考促学。学生在身体条件、运动爱好和运动技能等方面的个体差异是客观存在的，应根据这些差异来确定目标和评价方法，并提出相应的教学建议，以确保绝大多数学生都能完成学习目标，使之成为促进学生学习的动力。三是要重视对身体素质达标情况和体育理论知识学习水平等内容的考评。可以加强体育教学评价与考核方法的研究，使之符合素质教育的要求，同时，增强学生的体育意识，促进学生综合体育素质的提高和能力的培养。这种教学评估体系的转变将极大地调动学生学习体育的积极性，全面提高学生的身体素质和运动能力。

（五）提高体育教师队伍的整体素质

首先要从源头抓起，严把教师录用关。其次要加强对教师的培训，通过培训来提高他们的教学水平和教学技巧，使其学会如何激发学生的学习兴趣，如何鼓励学生全身心地投入到学习活动中去，如何适当地纠正学生学习过程中出现的错误等。同时，通过培训，其能够掌握必要的教学理论和教学技能，教师能够从单一的"技术型"向"复合素质型"转变，从而推动素质教育的成功进行。

三、高校体育教学改革的回顾

（一）教学指导思想与教学目标的探索阶段

1979年，教育部、国家体委、卫生部、共青团中央联合召开中华人民共和国成立以来规模最大的一次全国体育卫生工作经验交流会，颁布了《高等学校体育工作暂行规定》。在"调整、改革、整顿、提高"方针的指引下，高校体育课程改革全面启动。1990年2月，国务院批准发布实施的《学校体育工作条例》规定："普通高等学校的一、二年级必须开设体育课。普通高等学校对三年级以上学生开设体育选修课。"同年10月，国家教委颁发了《大学生体育合格标准》和《大学生体育合格标准实施办法》。1991年国家教委开展了对全国高校体育课程的评估。1992年国家教委颁布了《全国普通高等学校体育课程教学指导纲要》，将体育课的教学目标确定为："通过科学的体育教学过程和体育锻炼过程，使学生增强体育意识，具有体育能力，养成体育锻炼的习惯，受到良好的思想教育，成为体魄强健的社会主义事业的建设者和接班人。"

（二）教学内容与教学模式的改革阶段

1995年6月28日国务院颁布了《全民健身计划纲要》。同年8月29日第八届全国人民代表大会常务委员会第十五次会议通过的《中华人民共和国体育法》第十七条规定："教育行政部门和学校应当将体育作为学校教育的组成部分，培养德、智、体全面发展的人才。"随即国家体委又推出了《全民健身121工程》，要求学校"保证学生每天参加1次健身活动；每年组织学生开展2次远足野营活动；学生每年进行1次身体检查"。伴随着"121工程"的推进，各种健身、娱乐体育内容走进学校体育课堂。

1999年6月中共中央、国务院颁发了《关于深化教育改革全面推进素质教育的决定》要求"学校教育要树立健康第一的指导思想"。同年10月教育部在江苏无锡召开了全国学校体育卫生工作经验交流会，要求认真落实"学校教育要树立健康第一的指导思想，切实加强体育工作"。随后出现的"俱乐部模式""运动处方模式""三自主模式"，开启了教学模式多样化发展的格局。

（三）教学理念与课程目标的创建阶段

2001年6月，国务院颁发的《国务院关于基础教育改革与发展的决定》提出了"加快构建符合素质教育的要求的基础教育课程体系"的任务。2001年秋季开始，基础教育《体育与健康课程标准》在全国38个国家级实验区试行，2002年秋季实验范围进一步扩大到全国近500个县（区）。2002年8月教育部颁布了《全国普通高等学校体育课程教学指导纲要》。新《纲要》秉持以人为本、全面发展的教育理念，规定了由运动参与、运动技能、身体健康、心理健康、社会适应构成的课程目标。2006年12月，教育部、国家体育总局在北京召开了全国学校体育工作会议，颁发了《关于进一步加强学校体育工作，切实提高学生健康素质的意见》。同期，教育部、国家体育总局、共青团中央联合下发了《关于开展全国"亿万学生阳光体育运动"的通知》，力争用3~5年的时间，使85%以上的学校能全面实施《学生体质健康标准》，85%以上的学生能做到每天锻炼1小时，达到《学生体质健康标准》及格等级以上，掌握至少两项日常锻炼的体育技能，形成良好的体育锻炼习惯，体质健康水平切实得到提高。

四、高校体育教学改革的现状和趋势研究

为了适应社会对人才需求，40多年来全国各高校在探讨体育教学目标、体育教学思想的基础上对体育课程设置、教材内容、教学方法、体育教学的组织、教学的模式、教学的评价等方面进行了全面探索和改革。

（一）体育教学目标呈现多元化

高校体育教学目标的主要观点包括：①以改善健康状况，增强体质为主要目标；②以学习和掌握体育知识技能为主要目标；③以竞技教育，提高运动水平，为国家培养优秀运动员为主要目标；④以培养学生体育能力为主要目标；⑤以满足学生娱乐心理，享受体育乐趣为主要目标；⑥奠定学生终身体育观念为主要目标；⑦以提高学生的心理素质和体育文化素养为主要目标；⑧以体育锻炼为手段，对学生进行思想品德教育，培养优良品德为主要目标；⑨以身体练习为手段，促进学生身心发展，达到育人的目标；⑩以学生掌握锻炼身体的方法为主要目标。体育教学的诸多目标都是围绕着育人的总目标，在体育教学过程中，根据教学任务、教学内容、学生的实际和教学条件所提出的具体目标或者是阶段性的目标。要实现育人的总目标，教育者必须科学地选择教学

内容，根据现有的教学条件，分阶段、分层次、合理地选用教学方法进行教学。

（二）体育教学指导思想多样化

40多年来，我国高校体育教学思想呈现多样化和综合化，其主要观点包括：①全面教育的指导思想。②以体育教育为主的指导思想。③以培养学生运动能力为主的指导思想。④以快乐体育、娱乐体育为主的指导思想。⑤以终身体育为主的指导思想。⑥以竞技体育为主的指导思想。⑦以增强体质为主的指导思想。⑧以技能教学为主的指导思想。⑨以发展学生个性为主的指导思想。以上研究表明，高校体育教学思想随着社会发展，有越来越"泛化"的趋势，各种体育教学思想之间有着逻辑上的紧密联系，它是围绕着两条相对稳定的主线（体质与运动能力），着眼于身心全面发展的。

（三）课程设置和体育教学内容的选择成为高校体育教学改革的核心

高校体育教学改革必须从改革课程设置和科学合理地选择教学内容为切入点。高校体育教学内容和课程设置的改革要以高等教育体育教学目标、现代体育发展的需要、学生的兴趣、爱好、场地设施为主要依据，确立以增强体质，促进身心全面发展为主的指导思想。在20世纪80年代初，随着我国改革开放，许多高校在大学二年级相继开设专项课的设置，1992年原国家教委颁发《全国高等学校体育教学指导纲要》，正式对普通高等学校体育课程设置做出了规定，即：基础体育课、选项体育课、选修体育课、保健体育课四种类型。体育教学也从单一型发展到多种课型并举，较好地克服了传统单一课型忽视受教育者的个性心理特征及主体作用的弊端。目前，高校体育教学内容和课程设置的模式为一年级以必修课为主，安排了提高身体素质、配以各类基本技术的教材体系，以弥补中学体育教学的不足，完成中学至大学的合理衔接和过渡。二年级开设专项课，学生可选择课程、教师。开设选项课，以满足学生兴趣、爱好和选择的要求。三、四年级开设选修课，以休闲课和娱乐课为主，增加专业性的内容，采用"俱乐部"制。例如，地质院校增加了登山运动、负重行军等内容；商业院校增加了保龄球、台球等内容；形式多样、内容丰富的教材，不仅有健身、娱乐之功效，而且能够使学生适应毕业后的生活与工作。另一方面，又适当地增设体育理论知识课程，让学生明确学习的目的，端正学习态度；了解人体发展和运动生理、卫生知识；掌握各项运动的知识和锻炼身体的方法。但在改革中也存在着一些共性问题。例如：教学目标宽泛、模糊，教材的选编、课程的设置存在着较大的随意性；在教学内容的安排上，运动项目主要是解决手段问题，重视方法不够；运动的内容不全面，重运动，轻养护。

（四）体育教学方法的改革正逐步向"启发学生主动学习"的方向发展

体育教学效果很大程度上取决于教学方法应用的科学与否。目前，体育教学方法的改革十分活跃，如：主体教学、发展式教学、自学式教学、启发式教学、快乐式教学等等，从整体改革的思路来看，大都能体现"启发学生主动学习"的思想，这表明"以教师为中心"的传统观念正在转变。但在改革中，许多研究者没有清楚地认识到教学方法两重性的特点，即功能性和局限性。因为教学过程是一个结构复杂、多阶段、多因素的动态过程，教学有法、教无定法、贵在得法。教学必须要针对学生的实际，既有利于发挥教师的主导作用，又必须尊重学生的主体意识，全面地考虑教学方法运用的针对性、时效性、全面性。

（五）体育教学组织形式呈现多维性

体育教学的组织工作是否严密、合理，直接影响教学效果。有关研究表明，目前，大多数高校采用的是分组不轮换的教学组织形式，分组是根据"三向"交往的理论来进行（教师与学生之间；学生与学生之间；教师与学生、学生与学生之间的交往）。根据这一理论，目前主要有以下几种教学组织形式，一是散点式；二是"小群体"式；三是自然分组式；四是按运动能力分组（搭配式、分级式）；五是俱乐部组织形式。总的来讲，体育教学的组织是多维的，上面叙述的是目前研究比较多的组织形式，各种组织形式都有其各自的特点，它们的共性在于能发挥学生的自主性、积极性，有利于发展学生的个性和创造性。但教学的组织形式受教学条件的制约，还有待于在更大范围内做更缜密的研究。

（六）体育教学模式具有针对性

体育教学模式的研究是当前体育教学论和体育教学改革的重要课题之一。近几年，对体育教学模式的研究日趋活跃，这表明高校体育教学改革已开始进入综合研究阶段。目前，中国体育科学学会学校体育专业委员会提出了主体教学模式、成功教学模式、合作竞争教学模式。上面多种教学模式不是孤立存在着，各种不同类型的体育课，因其特性和要完成的任务不同，就需要有多种教学模式去适应。由此看来，教学模式既可以组合，又允许创造，但设计任何教学模式都必须以科学的理论为先导，并通过实验对比才能对它的合理性、可行性和可操作性进行评价。

（七）教学评价的双向性

教学评价是获得反馈信息的重要手段。目前，高校体育教师比较重视教学评价的研究，尤其重视师生的双向评价。通过教师评价学生的学习，使每个学生都能够从教学评价中得到新的目标和新的动机，通过学生评价教师的教学，促进教师科学安排和控制教学程序。但教学评价的研究多数停留在理论研究上，付诸实施的较少。

综上所述，当前高校体育教学改革表现出以下特征：①教学目标开始朝着"多目标""多功能"的方向转移，既追求近期效益，更追求远景目标。②教学思想从"生物体育观"逐渐向由生物、心理、社会三方面因素构成的"三维体育观"转变，从而拓宽了它的健身、娱乐、竞技、文化、社会等方面的功能。③课程设置和教材建设已成为高校体育教学发展的核心动力。近年来围绕着课程设置、课程类型、课程内容、教学定位、课程标准、教学模式和教学体系等内容进行了改革，课内外一体化已经形成。④教学方法的改革显得格外活跃，从规律性的思路看，大都能体现"启发学生主动学习"的思想，表明"以教师为中心"的传统体育教学正在逐步转变。⑤高校体育教学组织形式的改革是根据"三向"交往方式，由表面向着深层次发展。⑥高校体育教学模式的研究已通过许多具有内涵丰富结构的研究模式表现出来，但目前这种教学改革实践滞后的现象却比较普遍。⑦教学评价的研究从身、心两方面效果考虑，采用定性和定量相结合的评价方法，在一定程度上可以适应现实的需要。

第二章　高校体育教学的发展

第一节　体育教学目标的统一与协调

体育课的场地、器材等，对体育课程目标、课程设置、课程设计思路以及课程任务都有很大的促进和帮助作用。马克思说过："人创造环境，同样环境也创造人。"《列女传·母仪》中记载的《孟母三迁》也说明了环境对塑造人的重要性。教学环境不仅影响着教学过程的组织与安排，而体育教学环境是体育教学系统的必要条件，并且影响着体育教学系统。本文采用文献资料法、分析和综合的方法论述了体育教学环境和体育教学系统的关系，并且阐述两者如何协调的应用才能达到最好的教学效果。

一、体育教学环境的概念

（一）体育教学的物质环境

无论是学习还是生活都离不开环境。体育教学需要的环境主要是运动的场地和体育器材，如果没有这些全面深化教学改革，推进素质教育，加强学院普通体育课程建设，提高体育课的教学质量就成了一句空话。课前准备器材时，要根据课堂的内容，注意因地、因时而异。如田径场红色的跑道，绿色的足球场可提高中枢神经的兴奋性，使学生有一种跃跃欲试的冲动。一排排乒乓球台，一片片羽毛球场，它们的采光、空间、通风都会给练习者积极的影响。上理论课，如课桌椅的款式和新旧实验室以及实验仪器、图书资料、电化教学设备等。这些设备是开展体育教学活动的必备条件，对完成体育教学的任务起着重要的作用。为了方便教学体育器材保管室应设在离运动场地较近的地方，房间应通风，光线较好，器材按项目分离存放，随时检修器材，维护运动安全。

（二）体育教学的心理环境

上体育课老师往前一站，一副师道尊严的面孔，会给学生很大的压力。他们因为怕老师身体有病也不敢向老师反映，造成很严重的后果。所以老师上课前要整理好自己的情绪，具备心胸豁达、移情理解和客观性，真诚而不盛气凌人，当教师热情鼓励的时候，学生更有创造性。当学生看到老师既有热情又有同情心时，教师的热情与学生对体育的兴趣与完成运动的密度和强度有着很深的关系。采用多媒体教学，如学习之前将技术动作放慢、定格。看完录像后，组织学生进行讨论，再进行示范，学生练习后再进行讨论，他们有一种小老师的感觉，学起来他们自己会想办法克服很多困难。学生最不愿意跑步，觉得枯燥。采用4人一组，以比赛竞争、团队参入的形式进行，如蛇形跑、变速跑、追逐跑等。投掷的练习可采用单手投、双手投、向前投、往后投、画方格投等。练习力量时，准备几个不同重量的沙袋，根据学生的实际情况使用，采用20m的往返跑等。利用上课的时间进行班级与班级比赛，加强学生的参入主动性与责任、团队合作、增强积极动机和减少对老师的依赖。为正常人格的成熟、获得独立性、自信、自我控制、坚持，并能忍受挫折这些成熟的人格品质所必需。

（三）体育教学活动中的语言环境

只有爱学生，与学生打成一片，才能了解到学生的喜怒忧乐、兴趣爱好、希望要求。注意心理修养，善于控制和表现自己的情绪。无论在课外遇到什么不顺心的事，在走进教室之前，一定要使自己恢复常态，不能把自己负面的情绪传染给学生，更不能向学生流露甚至发泄。语言的速度，对于教学效果的好坏有直接的影响，认真地探索和把握最科学、最合理的教学语言速度。语言是人与人之间传递信息最为主要的方式之一，体育教学中教师与学生之间、学生与学生之间语言的交流十分频繁，语言的交流中包含着丰富的信息，因此很好地运用这一工具对于提高体育教学质量作用十分明显。实践表明良好的课堂语言环境对于体育知识、体育技能的传授十分必要。

二、体育教学系统的概念

体育教学系统，顾名思义，也就是体育教学体系的统一体，体育教学系统是各体育教学要素以一定的结构形式组织起来的，具有各单一体育教学要素所不具备的某种功能的教学统一体，它包括以下几个系统。

（一）体育教学内容系统

《教育部关于印发普通高等学校体育课程教学指导纲要》文件的精神，结合我校人才培养的目标，以教学改革为根据前提，以学生为主体，以健康为主题，以服务专业为方向的新理念，采用以人为本、强化人体练习、突出个性发展。普通高校按照树立"健康第一、终身体育"的学校体育教育思想，通过传授体育知识、运动技能，达到全面增强学生体质，增进身心健康，培养学生良好的意志品质和素养，养成终身体育的锻炼习惯。

（二）体育教学方法系统

从上位层次看，包括模式教学、模拟教学、程序教学。从中间层次看，上课时老师通常先讲解，再向学生提问，同学生一起讨论，是教学中运用语言指导学生学习、达到教学要求的方法。这些都是用语言传递信息的讲解法、问答法和讨论法。老师示范以及帮助学生纠正动作错误是体育教学中通过一定的直观方式，作用于人体感觉器官、引起感知的一种教学方法即动作示范法。教师为了防止和纠正学生在练习中出现的动作错误所采用的方法即纠正动作错误与帮助法。循环练习法：根据练习任务的需要选定若干练习手段，设置若干个相应的练习站（点），学生按规定顺序、路线和练习要求，逐站依次循环练习的方法。利用场地器材组织学生进行运动竞赛法等组织学生讨论探究教学方法即发现法。各种教学方法的运用具有教育性、发展性、科学性、多样性等特点，这样才能体现整体化思想，达到最佳教学效果。

（三）体育教学负荷系统

生理负荷是指人做练习时所承受的生理负荷。运动负荷包括运动量和运动强度两个方面。在体育课上只有运动负荷保持适宜，才能收到较好的教学效果，运动负荷过小过大都不行。过小，达不到锻炼的目的；过大，则又超出了学生身心所能承受的限度，对学生身心健康和教学任务的完成都十分不利。因此，合理地安排和调节体育课运动负荷是对体育教师教学的一项基本要求，也是评价体育教学和体育活动锻炼效果的一项重要指标。课堂教学中最常用到的运动负荷测量方法除了脉搏测量外，还有询问法和观察法。据瑞典生理学家研究，当询问学生锻炼后的自我感受时，学生回答"累极了、很累、有点累、还行、很轻松、非常轻松"时都有不同的心率，而这些心率和回答之间有着极明显的对应关系。这样教师就可以利用学生的回答来判断学生承受运动负荷的情况。采用观察法可以直接简便地知道学生的运动负荷情况，教师可以通过观察学生的脸色、表情、喘气、出汗量、反应速度等表现来判断所承受运动负荷的大小。比如：当学生承受较小负荷时，额头微汗、脸色稍红；承受中等负荷时，脸色绯红、脸部有汗下滴；承受过大的运动负荷时，脸色发白、满头大汗、动作失控等。所以，安排运动负荷时要以学生发展为中心，重视学生的生理和心理感受。在体育课上，可以通过调整练习的次数和组数、练习的强度和时间、器械的坡度和阻力，也可以改变授课的组织教法等来对运动负荷进行合理的调节。

（四）体育教学评价系统

学生学习态度的评价，学生行为表现的评价，防止违纪行为的升级和负面作用的扩散，学生掌握知识与技能的评价。坚持主体取向的评价机制开放的教育需要开放的评价、量性评价与质性评价，行为评价与心理评价的有机结合，由重视结果向重视过程转变。

三、体育教学环境和体育教学系统的关系

体育教学中，体育教学环境对学校体育教学系统的影响，既来自于学校内部环境，来又自于学校外部环境，既来自于学校的物质环境，更来自于学校学生和老师的心理环境。而体育教学系统反过来也可以影响体育教学环境，它们之间是相互制约，相互影响的。

四、体育教学环境和体育教学系统的协调统一

在体育教学中，要想达到更好的教学效果，完成既定的教学计划，那么体育教学环境和体育教学系统两者之间是缺一不可的，只有两者协调统一才能更好地为体育教学服务。

（一）充分了解当前体育教学环境现状

教师在体育教学中一直是起引导的作用，主要表现在：了解教学目标、制定课时计划、规划教学设计、优化教学方法等。当然这些都必须建立在了解当前教学环境的基础上，教师不仅要了解当前教学的物质环境，了解学生的当前的学习需求，而不是仅仅停留在课本上，还应该对整个教学环境进行设计。

（二）保持体育教学环境和教学系统的动态平衡

在体育教学中，体育教师既要让体育教学系统适应体育教学环境的变化，也要尽力去改变当前制约体育教学系统发展的环境个因素，使两者在动态上保持平衡，为更好的是先体育教学目标而服务。

第二节 体育教学内容的选择与开发

体育教学课程资源的开发和利用最重要的是教师的课程资源观和课程资源的开发意识，理解什么是课程资源，才有可能开发课程资源。

一、对体育教学课程资源的认识

合理开发与有效利用体育课程资源是体育课程目标达成的必要条件，也是体育课程改革的有力保障。由于地方经济和文化发展的不平衡，体育课程只有符合地方经济并地方化，才能提高体育课程的适应性。才能更有效地发挥体育课堂的本色。

在这里，首先要了解体育教学课程资源的这个概念。所谓"课程资源"，无疑是受

教育技术和远程教育的启发而由教学资源和学习资源演变而来,但它在教育技术和远程教育界并不被经常使用,甚至有些陌生。由于课程是教学活动的基本单元,因而一切教学资源或学习资源往往都是以课程资源的形式来呈现的。一般来讲,"课程资源是指形成课程的要素来源以及实施课程的必要而直接的条件。"

二、如何进行体育教学课程资源的开发

首先,开发出来的课程资源要从具体学生群体和个体的身心发展特点等一些特殊情况出发,能为他们所接受和理解,符合他们的身体状况和认知规律,有利于学生的身心体验,有利于达到目标。接着,要做一个价值判断,是同学们迫切需要的、对他们显示发展最有价值的,这些体育资源应该得到及早优先的开发。体育课程资源开发的几个途径不是独立的,在开发的时候需要有机地整合在一起。

(一)从体育师资条件出发

学校具备何种师资,我们的老师具备什么样的素质,他们的特长、专业是否能带动体育课程资源的开发。考虑到这些因素以后,教师们才能游刃有余地进行资源的开发。反之,由于一些学校限于师资的水平和特点,教师没有能力去开发一些学生需求比较强烈,感兴趣的程度也比较高的体育课程资源,它就会成为前进路上的一个瓶颈,在很大程度上制约着对体育课程资源的合理利用。

(二)从学生的现状考虑

体育课程资源的服务对象是学生,所以关注学生的身体发展作为开发体育课程资源的主要途径,这主要着眼于以下两个方面。

(1)学生身体状况的调查。在开发课程资源时,必须对是否能使其接受新开发的体育课程资源进行考despite。不同学生的身体状况水平都是不一样的,这不仅关系到开发的广泛性,还影响到开发课程资源的内容选择。

(2)要想使学生积极参与进来,不仅要找到学生有兴趣的课程资源,也要课程资源永远是最适合学生的,如此,学生既愿意参与进来,又可以充分调动学生的积极性。这样的体育课程在某种意义上来说是最适合学生的。所以,在开发时,我们要从学生的角度来看待周围的一切,要寻找学生的兴趣所在,力求开发出来的体育课程资源是"学生化"的体育课程资源,这样才能使学生完全融入课程资源中去,不能使课程资源老是一味地"教师化",否则就失去了教育的意义。

三、体育课程资源开发案例

1.【案例】人力资源的开发——体现团队精神的集体负重跑比赛

活动目的:通过集体负重跑比赛,使学生热爱体育活动,增强体能,培养团队竞

争精神。

活动准备：包括：场地的选择、学生负重物的准备、裁判人员的安排、工作人员的安排。

活动过程：参赛以班为单位，按规定时间跑完全程；安排好裁判工作；比赛开始，学生到达终点时，按名次顺序发放名次牌。第一名记1分，第二名记2分，依次类推。组（班）积分少者名次列前；统计各组（班）比赛名次和积分，排定团体名次；宣布团体名次，颁奖；活动讲评。

建议：体育教师应多开发这类小型的集体活动使全校的教师（包括校医）都参与到活动中来，充分调动学校的人力资源为体育比赛服务。

2.【案例】民间体育课程的开发

（1）跳绳。

跳绳可以分为三类：①技巧性跳绳，单脚跳、双脚并跳、换脚跳、反手跳等多种花样动作；②游戏性跳绳，娱乐为主可以边跳边伴唱；③快速跳绳。跳绳方式大体分为个人与集体两种，单人顺序跳，多人同跳等都是集体跳绳。

（2）踢毽子。

踢毽子有花样技巧比赛，常以肩、背、胸、腹、头与双脚配合，做各种姿势，使毽子经久不落地，缠身绕腿，翻转自如。踢毽的技巧很多，踢毽子的基本的技巧，只有三种，即有"盘""拐""蹦"，还有"苏秦刺背""八仙过海"等各种名称。集体比赛时还附加远吊、近吊、高吊等踢法以表胜负。一般踢毽子都在冬季进行，天气寒冷，活动可以暖身。

（3）跳牛皮筋。

跳牛皮筋是项准确、熟练、连贯协调、舒展自如，节奏感强的项目。基本动作有点、迈、顶、绕、转、掏等。一般分为三个高度：将牛皮筋举至与肩齐平；两臂自然下垂拉牛皮筋；一臂上举拉牛皮筋。并有单人和集体两种跳法。此游戏以女孩玩耍较多。以细牛皮筋结成绳子，长约三四尺，两人扯绳各一端，随着牛皮筋的上下弹动，以一人或数人跳。在动作的基础上联合而成花样。

（4）抽陀螺。

陀螺的种类有木质、竹质、陶质、石质，抽陀螺可进行竞赛，一人不停抽击，抽到陀螺停止为输，再由另一人继续抽击。这种游戏是用一条绳鞭抽打一个圆锥体玩具，使它在平滑地面上不停旋转。

3.【案例】体育器材的组合开发

（1）校园"保龄球"。

校园"保龄球"是由实心球与手榴弹组合成的一项，在课中常用的教学内容，其教学方法比较简单。在一块空地上一端放置手榴弹（或矿泉水），可以排成许多形状，另一端站学生手拿实心球,在教师的指挥下进行练习。

(2)嗒嗒球。

运动将乒乓球与羽毛球有机融合在一起的一项体育运动简称为嗒嗒球。这项运动不受场地限制,而且适合各种年龄的人群参与。它将乒乓球的推、抽、搓、扣、拉球打法与羽毛球的吊、挑、扣等各种技术结合起来,在网上往返对击,以把球击落在对方场区内为胜。比赛时采用乒乓球记分法,五局三胜制。

建议:应该说嗒嗒球是体育器材组合开发中最成功的案例,其充分利用了两种体育器材的特性。它一半像乒乓球,一半像羽毛球,嗒嗒球以其携带方便,不受场地限制,运动趣味强,易普及推广的特点,正吸引着越来越多的人加入其中。对与校园"保龄球"的开发虽没有嗒嗒球的影响那么广泛那么正规,但也有它的存在理由。

学校要根据教学实际情况及学生发展的具体需要,广泛利用校外体育资源以及丰富的自然、人力等资源,积极开发、利用信息化的体育课程资源。体育课程资源多种多样,重视校外体育课程资源的作用,从实际情况出发,发挥地域优势,强化学校特色,展示教师风格,因时、因地、因人制宜地开发与利用体育课程资源。

第三节 体育教学方法的运用与创生

通常而言,高校作为我国培养高等人才的关键基地,近些年来,我国政府对于高校教育问题也趋于关注,希望各大高校可以在一定程度上培养出综合实力更强的复合型人才。对于高校体育教学来而言,也需要在创新的教学方法基础下,改良教学方法,推动教学实践,这样的话,不但可以让学生的身体素质有一定程度的提升,更要让他们的思维和创新能力也有所促进,让学生养成健康的生活习惯。

一、创新教育理念下体育教育方式运用现存的弊端

(一)学生身体素质大多数较弱

根据国家相关单位针对学生的身体素质调研证明,大部分学生从 20 世纪 80 年代开始,身体各方面的耐力与速度以及器官功能逐步下降,身体肥胖与近视的状况逐步增加。尽管近几年我国对于学生身体素质状况的日渐重视,并且采取了对应的措施,学生身体素质取得了较好的改良,然而整体状况依旧使人担忧,从而也使得我国革新型体育教育的展开受到了较大程度的影响。

(二)体育教育重视程度不够

由于受到应试教育的影响,在学习中体育课程往往缺乏重视,时常会发生体育课

程让步于其他课程的现象,从而使得创新教育观念下的体育教育方式艰难取得实质的运用与贯彻。并且,在教学模式上体育课程也具有一些缺陷。创新教育观念要求体育课程发挥提高学生体质的用处,然而依据当前的状况而言,体育课程在这方面的用处并没有取得完全地展现。而且,目前体育课程课本并没实现一致,课程内容未建立起合理的规范,并且老师传授知识的范围与学生了解的程度需求也未有着规定,进而致使许多体育老师在授学的过程中只是单一的教授老旧且落后的体育知识,缺少创新的观念,而部分老师为了防止学生在体育课中发生意外,使得教学方式的革新上顾虑较多,从而一定程度上妨碍了创新教育观念下体育教育方式的实行。

(三)学生体育活动时间普遍缺少

经过长时间教育习惯的积累,致使大多数家长与老师均形成只注重成绩而轻视其他方面的思想观念,认为时间不该浪费在上体育课或者是课外活动上,应该专心致志地学习其他课程,从而致使学生体育活动时间普遍缺少,学生的身体素质与运动观念较难得到提高,使得大多数学生在体育教学中出现抵制以及缺乏兴趣的状况,这种现象导致创新教育观念下体育教育方式的运用受到了较大的妨碍。

二、创新观念的体育教育实施手段

(一)根据学生不同的兴趣与资质进行不同的教育

体育这门课程对学生将来的发展同样起着重要的影响,高职院校的学生尽管价值观以及人生观都逐渐养成,然而通过合理的指引也还可以出现更好的变化,如若可以运用高职院校体育课来针对学生的身心实施合理的指引,将会对学生将来的发展起到较大的良好作用。在高职院校体育教育中依据学生不同的兴趣与资质进行不同的教育,能够一定程度上增进学生身心的发展,使其在体育磨炼的过程中增强自身的自信感。而在体育教学实际操作的过程中,每位学生的心理状况以及身体素质都存在着差别,一些学生的体质比较好,并且综合方面都要比其他学生要好,如若让其与其他学生达成相同的课程任务,常常会使其感觉到运动的强度太低,没有较好的锻炼效果。然而一部分学生的体质比较弱,体育课上的运动强度使其感觉到适应不了,并且在看到其他同学可以成功达成训练目标时,自己却完成不了,其对于体育的热情则会逐渐降低,甚至使得其在体育教学中出现抵制或是缺乏兴趣的状况,从而一定程度上影响到创新教育观念下体育教育方式的运用。

(二)集思广益,相互激励

一般情况下,为使学生的身体素质以及思维能力协同在体育教学中取得一定程度的增强与磨炼,老师还可以运用集思广益与相互激励的方式,使学生经过互相协助的方式来互相鼓励，一同完成课程上教师布置的任务。并且，老师也可以制定出一些与体育相关的问题给学生，然后以小组的形式进行探讨与思考，自由地发挥自己的看法与想法，在互相协助的情况下解答教师布置的问题。但是，在过往的体育锻炼中，往往是由老师示范相关的动作要点，学生自主进行操练，较少会给与学生表明自身看法的机会，然而这实质上完全不利于学生创新性思维的提升，但是运用相互激励与集思广益的方式就能够一定程度上促进学生创新能力的发展。

（三）情景教学，提高效率

情景教学方式所指的是在体育教学的过程中，先运用恰当的方式把学生引入至相关的情景当中，使其有一种身临其境的感觉，从而使体育教学更具创新性。而一部分体育老师认为情景创建比较适合低年级学生，对大学生而言，没有具体的可行性，然而实际上，如若可以在高职院校的体育教育过程中应用情景教学方式，也可以起到鼓励学生的效用，使学生对知识可以较好地掌握与理解，从而对体育锻炼更有兴趣与热情。

总而言之，本节主要对创新教育理念下体育教学方法基础理论及实践进行了充分的研讨。在当前的创新教育理念下，强化对于高校体育教学方法理论实践，从当前的学校以及学生实际情况入手，创造出更多的全新的教学方法，只有这样，才可以更加满足人才培养的需求，培养出更多符合要求的综合型的人才，推动学生的身心实现综合全面的发展和进步。

第四节　体育教学手段的使用与创新

教学过程中，有效的教学方法不仅能调动学生学习兴趣和练习的积极性，更能实现体育课堂教学有效性的实现，从而来达到高中体育课要坚持素质教育和健康第一的指导理念，增强学生身体素质。为了实现这个目标，老师要积极结合学生在生活中比较感兴趣的事物，注重学生的个体差异，运用灵活多变的教学模式来创新体育课堂。下面我们就从创新教学手段的作用意义、策略、实施成效、注意事项等几个方面进行阐述。

一、创新体育教学手段的作用与意义

高中体育课堂教学手段的创新，并不仅仅是为了顺应新课标的要求，更是为了满足学生的需求，对于高中生的发展也有积极的作用与意义。创新教学手段可以在很大程度上促进学生的身体素质提升，提高他们的运动技能。在高中的学习过程中，由于

学业比较紧张，课程安排比较紧密，大部分的学生在每天的学校生活中，几乎都不离开自己的课桌。这样对学生的身体素质培养来说就是一大难题。那么在体育课堂上通过教学手段的创新，就可以吸引学生的注意力，让学生从繁重的学习压力中解放出来，放松身心，振奋精神，通过积极投入，增加锻炼，提升身体素质。

二、创新体育教学策略

（一）运用师生角色互换，突出学生主体地位

传统的体育课堂教学以教师讲授为主，学生获得运动技能为目标。但是单一固定的课堂教学模式容易使学生疲倦，不利于调动学生学习的积极性，更未能突出学生在学习中的主导地位。德国著名的民主教育家第斯多惠曾说："教育的艺术不在于传授的本领，而在于激励、唤醒和鼓舞。"师生角色互换，教师成为课堂教学的引导者、服务者，学生成为课堂的真正主角，极大地调动起学生参与的积极性和主动性，唤醒学生自我实现的内在愿望，能有效提高课堂教学效率，促进学生综合素质的提升。

角色互换可以安排在课堂教学开展前，老师根据教学内容，结合班级的实际情况，对学生进行分组。学生在准备的过程中，结合自己的能力水平和兴趣爱好，充分发挥主观能动性，通过多途径多方式，如利用教材、向老师咨询请教、通过网络资源等方式，了解掌握教学内容的相关知识点，设计教学方案，然后在实践中展示这一堂课。这一过程可以极大地培养学生发现问题、解决问题的能力。

同样在教学过程中，我们也可以角色反转。老师以"学生"角度提问。例如，在田径教学中，我曾向学生提出"推铅球的方式有哪几种"的问题，然后让学生独立思考或小组讨论，最终学生给出了"侧向原地推铅球""上步推球""侧向滑步推球"等不同答案。这样的教学方式，不仅能极大地调动学生参与课堂的积极性，而且培养了学生的创造性思维，体会到探索创新的喜悦。

（二）情境教学，使教学更具目的性

情境教学法是指在真实的情境中，使学生通过切身的运动实践，运动欣赏等体育行为，提高运动能力，加深运动感悟，促进体育价值观形成的教学过程。其主要特点表现在情境的真实性、开放性以及感受的深刻性、持久性。

情境教学法与传统的技能教学不同的是：教师不是从基本的动作教起，而是从项目整体特征入手，然后再进行具体技能学习，最后再回到整体的认识和训练中，突出主要的运动技术，而忽略一些次要的运动技术。注重在实践中培养学生对项目的理解，把技术运用在"尝试性比赛"中，引导学生懂得如何学以致用。

比如在球类技战术教学中，让学生进行实战观摩，通过看比赛片段、动态图的演示、图解的讲解等方式，结合实战向学生演示一些技战术的配合和应对的方法，既培养学

生全面观察情况，把握和判断时机以及临场的应变能力，又能使学生最终可以根据所学的技术和战术，判断出"做什么"和选择最佳的行动方案——"如何去做"。

比如篮球技战术的教学，挡拆配合。把 NBA 比赛中配合的技术截取，用慢速播放形式展示，然后学生分组进行比赛，强调比赛时尽量用挡拆配合，少用其他配合，在此过程中老师可以运用视频手段拍摄学生配合的过程。总结过程中视频回看并向学生提问，在运用这个技战术中注意的事项，引导学生了解挡拆配合的要求：快速移动，准确卡位，把握时间，正确拆分。老师再示范讲解动作，并在此过程中提出学习的重难点，侧掩护时脚要站稳，不能移动挡拆，挡拆到位后手臂的摆放等，最后才分组进行挡拆练习。这样使得学生训练更有目的性，课堂效果更显著。

（三）使用运动 APP 软件，综合构建体育课堂

随着我国科技的进步，信息化技术的发展，大量的新事物进入到了我们的生活中，为我们的生活带来了便利。在高中的体育教学中，为了促进教学手段的有效性，老师就可以将新鲜事物与实际教学结合起来，利用和体育教学相关的 APP 软件，进行课堂教学。这既符合学生的心理需求，又能促使其把更多的注意力投入到课堂中来，提升参与度，从而实现教学的有效性。同时在兴趣推动力的基础上，能使学生多去练习，做到自我比较评价，将自己的运动技能水平进一步提升。

比如，在进行 24 式太极拳教学时，老师就可以利用《24 式太极拳》App。将学生进行分组，每组配备一个手机或 Ipad 设备，通过 App 里面的太极拳概要简介，先了解太极拳的特点；再集体观看视频，建立拳术的整体印象和概念。在观看过程中，老师引导学生关注太极拳的特点在视频中的体现——心静体松、圆活连贯、虚实分明、呼吸自然。最后，让学生通过图文讲解，自学动作，小组协同合作初步掌握动作的框架。在此基础上，老师再介入讲解示范教学，学生掌握技能自然就事半功倍。

课后老师还可以布置练习，让学生再次通过 App 去复习、巩固、提高，在下一次的课堂中以小组形式进行展示，这样使得课堂学习有了延伸，也使得学生技能的掌握和提升会变得更好。当然在教学过程中要引导电子设备的合理使用，仅限课堂内使用，鼓励放假后回家通过软件继续学习、复习提高，自学将要新授的课堂内容。

我们还可以合理利用抖音小视频，设计合理体育项目。

最近抖音小视频在年轻人中十分的流行，体育老师就可以积极利用它，设计新颖有趣的体育项目。这样不仅可以激发学生的兴趣，调动学生的积极性，更能促进他们对体育项目的喜爱，主动参与到体育项目的锻炼中来，从而达到增强他们的身体素质的目的。但在这个过程中，老师要注意度的把握，不能让学生形成依赖。

比如，老师可以选择一些符合学校现有教学条件和环境的体育项目，课堂上让学生根据自己的兴趣进行挑选，选择最多的那个项目，就是下一节体育课的主要教学内

容,这样既尊重了学生的意愿,又充分满足了学生的心理需求,也有利于体育课堂有效性的实现。并且在教学过程中老师还可以将同学们活动的过程拍成抖音小视频传到网上。这样既是对学生的一种肯定,也有利于对抖音小视频的合理利用。

这样有效合理的使用 App 软件,既促进了教学手段的创新,又构建了良好的教学氛围。

(四)利用积分制管理,科学评价学生表现

(1)设置"积分":教师在设计教学目标和内容时,将一个技能模块设定为一个单元,根据技能难易程度,结合学生的运动能力水平,设定为掌握、基本掌握、未掌握三个等级,分别以 3、2、1 进行量分。

(2)得分原则:形成牢固动力定型做动作熟练、省力、自如,即为掌握;技术动作有改进,动作规范,基本上建立动作定型,即为基本掌握;动作吃力、不协调,动作间有干扰现象,并伴随着一些多余动作,肌肉紧张,即为未掌握。

(3)运作方式:模块教学结束,安排课堂内测评。可以根据运动项目和内容的不同,运用多种方式。如武术项目,五步拳,可以东南西北四个角背向而立,独自演练,老师和学生互评结合。田径项目,蹲踞式起跑技术,分组沿跑道线模拟起跑,从器械调整、重心控制、起跑的步伐等方面考评。

(4)积分统计:老师记录测评课同学的得分,按比例折算计入期末总分。

(5)激励办法:每个模块测评结束,老师和学生互评相结合的方式,评出"模块之星",学期评选"课堂优秀之星"进行表彰,学生所有积分结果将作为评优评先的重要参考依据。

积分制管理的实施,使学生更加有学习的动力,积极性和主动性得以提高,有利于激发学生之间的竞争意识,完善了教学中的评价体系,为提高创新教学手段的有效性奠定了基础。

三、创新体育教学手段的注意事项

(一)与教学实际要紧密

创新的教学手段要符合学校实际,与学校的资源配置和学生实际的运动能力水平相符合。如教学手段与学校现有的教学资源相脱节,就会在教学的实施过程中,导致教学工作无法顺利开展创新;教学手段的教学难度与学生现有的运动水平能力不符,就会导致学生空有体育理论知识,但实际运动技能的掌握和提高并不理想。

(二)教学手段与学校规章制度要协调

为了激发学生学习体育的兴趣,有些老师倡导运用一些有关体育项目有关的手机

软件,这固然可以提高学生进行学习锻炼的兴趣,但也增加了学生对手机的需求。这一情况的出现就与许多学校的规章制度相违背,教学过程中要合理地处理好这两者之间的矛盾,保障学校教学秩序的正常进行。

(三)创新教学过程中要紧扣主题

不同地区的高中学校教学水平参差不齐,对体育学科认识也不充分,创新教学手段就有可能因为这些因素,导致教学偏离主题。比如:学校倡导老师要学会放手,让学生通过多媒体课件自主学习,有一部分老师就会完全让学生观看体育视频,自己在课堂上完全不参与,过分强调学生的自主性,忽视老师应该承担的指导责任,这就是偏离主题的表现,不利于学生的健康发展和课堂的有效性实现。

(1)注意师生安全。

创新体育教学手段,丰富体育课堂内容,但对课堂的安全性也提出来更高的要求。首先教师要考虑学生的个体差异,设计科学合理、难易程度得当的教学内容和教学过程,要加强安全教育,落实课堂常规,对学生练习中的错误动作要及时纠正,场地、器材安排布置落实要到位。

(2)注重教学质量。

在教学过程中,教学质量永远是学校以及老师所关注的重点。那么在创新体育教学的过程中,为了保障教学质量,学校就可以采取调查问卷和对比观察的方法。通过调查问卷形式了解学生对教学手段创新的喜好程度、欢迎程度;通过对比观察的方法,对使用创新与传统不同教学手段的班级比较,从学生课堂的参与度、技能掌握度、身体素质提高等方面做出参照,再结合每年的体质健康数据测试的机会,进行综合对比,用数据来体现。

综上所述,创新体育教学手段是提高体育课堂的有效手段,并且保障创新体育教学手段的有效性也是学校需要努力的方向,只有保障了教学手段的有效性,才可以确保课堂的有效性。这样不仅有利于激发学生的学习兴趣,让学生自主投入到体育运动的学习、锻炼中来,更能培养学生终身体育锻炼意识和习惯,为促进我国的体育事业发展起到一定的推动作用。

第五节 体育教学模式的多元化发展

一直以来,高校体育是我国整个教育体系中非常重要的一个组成部分,它是连接学校教育与社会教育的重要枢纽。目前越来越多的人已经开始认识到终生体育思想的重要性,并对其致以高度的认同,随着终身体育思想的普及发展,如今,终生体育思想已经渐渐成为现代人们社会生活的理想追求。终身体育思想也在学校体育中得以充分的重视与运用，而高校体育作为学校体育教育的最后阶段，是培养学生终身体育思想与习惯的重要平台，同时也为学生将来走向社会，并在社会生活中培养终身体育习惯与行为打下坚实的基础。高校体育教学模式是高校体育教学的基本结构，其中凝聚了高校体育教学理论核心，是一个具有操作性与实践性的体育教学框架。在当前高校体育教学改革的过程中，通过对多元化体育教学模式的构建，不仅有利于培养大学生健康的身心素质和持久的体育思想，从而实现大学生身心素质的全面发展，同时也符合当今时代对于综合素质全面发展人才的需求。

一、高校体育教育中多元化教学模式的重要作用

在当前的高校体育教学过程中，通过对多元化、富有成效的新型体育教学模式的运用，充分体现学生在教学过程中的主体性，鼓励并引导大学生积极参与到体育教学过程中，增加学生参与体育活动的主动性，从而提高学生的参与度，使得学生在彼此之间的互动与交流中学习体育理论并提升体育技能，有利于培养学生的实践能力和团队协作能力，同时也有利于激发学生对于体育课程学习的兴趣与热情，从而增强学生的体育学习效果，最终实现体育教学目标。在高校体育教学过程中，在实施多元化体育教学模式时，要充分挖掘并利用已有的体育教学资源，对体育教学模式进行适当的改革与创新，增强体育教学模式的新颖性、多样性与有效性，并积极引入符合学生身心发育特征、受大多数学生欢迎的体育活动形式，在保证体育教学模式科学性与实用性的基础上，进一步丰富高校体育教学模式，从而促进高校体育教育事业的高水平发展。高校体育教师在体育教学过程中，开展多元化教学模式的时候，还应该充分了解并掌握当地学生的具体实际情况，探索出科学合理且具有特色的体育教育形式，以更进一步地丰富整个体育教育体系，对体育教育相关资源进行充分挖掘与有效整合，并且还可以在整个教学过程中，适当融入一些具有趣味性的元素，以实现体育教学过程的趣味化与特色化，最终促进高校体育教学有效性的提升。

二、体育教学模式多元化的必要性与可行性

（一）体育教学模式多元化的必要性

多元化已经成为当今社会多个领域发展的普遍追求。在学术领域中，多元化发展为学术理论的生存与发展提供了比较广泛的空间。在如今的社会中，传统的绝对主义思想已经渐渐被多元化发展思想所取代，渐渐失去了其存在的意义。在当今信息时代背景下，多元化发展思想渐渐推动着现代教学模式的合理化与科学化发展。所以，在新时期，对于高校体育教育而言，非常有必要适应时代发展的需要，自觉改变过去传

统单一的体育教学模式，积极改革并创新体育教学模式，并结合本校发展实际，充分挖掘、利用、整合当地教育资源，探索出多种符合实际的新型体育教学模式，进一步丰富体育教育体系，以实现体育教学模式的多元化发展，从而促进高校体育教育整体水平的有效提升，这是当前高校体育教育过程中非常重大的举措。

（二）高校体育教学模式多元化的可行性

1. 课程行政主体的多元化

我国于2001年7月颁布了《体育与健康课程标准》，该标准中提出要对课程管理的权力进行下放，与此同时，还提出了三级课程管理体制，具体地说，就是建立国家、地方与学校共同管理的课程体制。对于学校而言，将有更多的自由与权力来管理体育教学内容与教学方式等。我国制定的新课程标准与传统的教学大纲具有比较明显的差异，主要表现为只是制定了教学目标，而对具体的教学内容没有进行详细且硬性的规定。该课程标准还将体育教学目标进行了适当的划分，分成了五个领域和六个水平。但是对详细的评价方法与可行性的评价方案没有进行具体明确的规定，而是交给高校和体育教师来自行设定。总之，该体育课程标准的实施，为高校体育教学模式的多元化发展提供了良好的政策环境。

2. 对传统体育课教学模式的反思

在传统体育教学中，主要教学目的在于提高学生的体能素质，并向学生传授运动技术，在传统的课堂教学中，主要运用的是一种教师讲解示范—分解练习—完整练习—熟练巩固的教学模式，在该模式下，主要是以学生的运动技能形成规律为基础的。尽管这种传统的体育教学模式有利于增强学生的身体素质，有利于提高学生的运动技能，但是缺乏一定的针对性，不利于学生综合素质的全面发展。该模式没有充分考虑到学生的个体差异性，没有充分考虑不同学生的实际情况，这种单调传统、缺乏针对性的体育教学模式导致很多对体育运动感兴趣的学生不乐意上体育课的现象。由此可见，这种传统单一的体育教学模式不利于学生体育素质与综合能力的全面发展。基于这一情况，高校体育教学工作者应该积极创新，勇于探索，自觉培养自己的创新意识与探索精神，并根据时代发展需要，结合现代体育教学理念，构建出多元化的新型体育教学模式，从而培养出符合时代发展需求的复合型人才。

三、新时期高校体育教学模式多元化发展的策略

（一）加深对体育教学模式多元化的认知

在当今这个信息时代背景下，各大高校应该积极转变自己的体育教学理念，积极学习并引入先进的教学理念，在传统的体育教学评价中，教师只是将学生的成绩作为评价学生体育能力的唯一标准，这种评价方式缺乏一定的科学性与全面性，难以对学

生进行客观公正的评价，因此，在新时期，高校体育教师在注重学生体育能力的评价时，还应该注重学生身体素质、心理素质等多方面的评价。因此，在体育教学过程中，高校与体育教师应该重新审视信息化教学的重要价值，充分认识体育教学的重要性，适当提高体育教学的地位，实现其学科地位的提升，要想做到这一点，首先就需要高校体育教学工作的管理者充分认识到体育教学模式多元化发展的重要性，只有如此，才能使得高校体育教学工作者积极转变过去传统的教学理念，在体育教学实践过程中，能够自觉运用现代信息技术。

（二）创新高校体育教学模式

在信息时代背景下，高校应该以新型的、先进的体育教学理念为思想指导，积极探索出新的体育教学模式，高校体育教师，是整个教学过程的重要主体，是整个教学活动的引导者与组织者，在整个教学过程中发挥着非常重要的作用，因此，在实际的教学过程中，体育教师应该充分尊重学生的主体性，通过在教学过程中适当融入一些趣味性元素，以激发、调动学生自觉学习体育课程的积极性与主动性，鼓励并引导学生主动探索体育学习中的奥秘，以培养学生的自主学习能力和实践能力。与此同时，体育教师还可以根据教学大纲的要求，积极开展具有趣味性的体育教学活动。例如，老师可以通过分组教学法与比赛教学法相结合的方式，让学生通过自由组合与比赛活动的形式，主动参与到体育项目技术的学习中，从而激发学生的学习兴趣与热情，最终达到体育教学效果的提升。

（三）提高高校教师的技术水平

在互联网时代背景下，信息技术已然成为推动教学发展的重要手段，而在信息环境下，高校应该加大对体育教学专业技能的训练，比如说，对计算机相关知识的培训，要求教师必须要掌握相应的 Photoshop 和 Office 办公软件。同时还要学会动画制作等教学视频的制作，将教师的信息技术能力作为教学考核的重要标准，只有这样，体育教师才能够以提升自身的专业水平为根本，不断加强对信息技术的学习，定期与优秀的体育教师进行技术交流，实现共同进步。

（四）加强高校体育教学、科研经费投入

高校体育场地、器材不仅是教师选择教学内容的重要依据之一，同时也是限制大学生参加体育活动的重要因素。高校体育教师在进行教学研究的过程中，遇到最大的问题就是经费投入不够，这在一定程度上降低了他们从事科研工作的积极性。加强学校体育教学、科研经费的投入，不仅可以激发教师进行教学改革的积极性，也是教改研究能够得以顺利进行的财力、物力保障，还可以激发学生参加体育运动的兴趣与热情。

（五）重视学生在教学过程中的主体地位

素质教育要求把学生作为学习的主体，强调参与、合作、尊重差异和体验成功。教师在选择体育教学模式时，应注重与学生之间的积极互动，共同发展。研究学生的身心特点，因人而异，因材施教，满足不同学生的学习需要。创设能引导学生主动参与的教学环境，激发学生学习的积极性。努力发展学生的聪明才智和个性特点，养成自觉锻炼身体的习惯，使"主动"成为体育教学的核心，引导学生自己去掌握知识、技能，学会锻炼身体的方法，并且实现由"学会"到"会学"的转变，增强学生的学习能力，并使之可持续发展。

（六）运用模式，超越模式

在强调模式方法重要性的同时，还应充分认识到模式方法的局限性。其一，模式是在系统分析的基础上抽象和简化而成的，模式一旦构建完成，即具有相对的稳定性。在一定条件下，模式的稳定性会和不断发生改变的系统产生一定的抵触。此时模式就不具备先进的导向性了；其二，构建模式的目的在于在相同条件的区域进行推广，但是，一旦无限扩大该模式推广的领域和范围，就会使其与客观实际相脱离，因此模式是不断发展的，模式的推广也是有条件的。适用一切目的和一切分析层次的模式无疑是不存在的，重要的是根据自己的目的去选择正确的模式，并对多种模式进行综合运用。

综上所述，对高校体育教学模式多元化的探析，旨在改变当前高校传统的教学理念，以信息技术为依托，实现体育教学模式的创新。同时定期开展座谈会，提高教师自身的专业技术，创新教学的内容，从而更好地提高教学的质量。

第六节 体育教学的有效性与正当性

一、体育教学的有效性

我们国家长期的"应试教育"模式，导致许多学生苦于文化课的学业压力。中学阶段在学生学习生涯中所占比重很高，尤其是高中阶段，学生所面临的高考让学校把学科的重点教学放在了文化课上，体育课容易被学校忽视，这对学校的教育工作是不利的。体育课本就在学校课程设置中的所占比重较低，在这样被忽视的情况下，如何提升体育教学的有效性，让学生在有限的体育课中提高身体素质，帮助他们缓解课业压力，同时也能激发学生对于体育运动的热爱，这是作为一名体育老师所要探究的问题。

（一）教学定位准确，更新教学观念

在中学教育阶段，家长老师都把大部分注意力放在学生文化课程上，我们承认文化课程对于学生最后成绩有很大影响，但是不能因此就忽略体育教学的重要性。作为一名体育老师，对于如何把控好一节有效的课程教学是有度的，当然教师对体育课程的重要性定位应该是明确的，体育课程的设置应该是能够体现出学生的自主性、主动性和创造性。不管别人怎样看待体育课程的价值，作为体育老师，应该是明确体育的定位是和其他四育并存，对学生的成长是必不可少，所以对于那些占用体育课程的现象，应该说不。其次，教师自身也需要去接纳新的教学理念，在观念的调整更新中改进课程教学。教师应该认识到体育教学对于学生提升身体素质的重要性，在体育教学过程中，教师面向的不是个别学生，而是整个班集体，群体性的教学难度更需要考虑的全面。根据不同年级学生的课业压力，教师要调整课堂教学的体能训练要求。教师要转变旧观念，根据学生的身体素质实况安排教学内容。体育课是开放性的活动课程，但不代表学生就纯自由活动，教师应该保证每节课都给学生提供一些有科学依据的体能训练，有效的体育教学需要教师有意识地去变换教学方式，寻求自己所代表的体能训练要求和学生所代表的运动需求之间的平衡点。在课程实施过程中的实践安排固然很重要，但在此之前，教师有意识地去规划课程安排，去接纳体育教学中的新鲜观念也很重要。

（二）注重课程训练的科学性

任何一门课程的任课教师都需要专业性的支撑作为提升教学有效性的依据，体育老师也不例外。体育课程和文化课程的不同就在于它的灵活性不确定性因素更高，体育课程很难像文化课程那样去做详细安排，这就给教学活动带来一定难度。学生离开教室可以有难得缓解压力的时机，但并不意味着体育老师就完全给学生自由安排，怎样把控好学生放松的度以及让学生完成一定量的体育训练，这就体现出教师的智慧了。

教师除了对于体育知识要有系统性的掌握，还要懂得把专业知识结合学生兴趣，科学合理地呈现在教学过程中。例如，教师在正式运动之前，做好准备活动，在选取教学内容时能够考虑到大部分学生的需求。传统的体育课程设置都是以教师诉求为主，现在我们不妨尝试做出一些改变，在进行实践运动之前向学生传授一些体育知识，通过讲解帮助学生即将要学习的体育课程内容有了一定了解，然后可以征询学生兴趣意愿开展体育安排。当然，开展任何一项体育运动之前，教师要对整节课程的安排有科学规划，本节课程要让学生达到什么程度的体能素质，为了实现这一目标又应该从哪些准备活动做起，中间需要增加哪些额外的体能训练。体育课的开放性运动性就决定这门学科在教学中对思维训练和肢体训练都有要求，需要教师科学安排课程内容，打破机械式的体育训练，增加课程趣味性，真正让学生在活动参与中体验到体育运动的魅力所在，只有学生有参与体育运动的渴望，才能激发学生的积极性，努力配合教师的课程教学，从而提升体育教学的有效性。

（三）充分利用教具，有效利用丰富的教学资源

传统体育课程的教学方式就是让学生通过跑、跳等训练机能的发展。而随着时代的进步，在各种运动器材的辅助之下，体育课程给学生带来真正意义上的运动体验，也为学生提供更加富有真实感的课程教学体验。而且，由于信息化时代的到来，教师可以采用数据汇集的方式，利用丰富的教学资源，帮助学生进行体能素质记录。不定期为学生记录体质测量数据，提高学生对身体素质的关注度，这对于提升学生的课程积极性、专注度是有积极影响的，这也可以帮助教师实现体育教学的有效性。

学校体育工作要始终以学生为主，教师不仅要重视学生的文化课成绩，也要看到体育运动对学生的必要性。有目的、有计划地规划教学内容，体育老师应该充分利用教学时间，真正发挥体育课的效用，让学生在体育活动中既能得到放松，同时也会为文化课的学习塑造良好的身体状态。

二、体育教学的正当性

课堂教学不仅应当是有效的，而且应该是道德的或正义的，这是肯尼斯·斯特赖克所提出的有关有效教学的正当性问题。有时候在追求效率、效益、效能的基础上，会忽略对体育教学正当性重视，往往看重的是成绩、荣誉。人们不会反过来问："有效的教学是否就一定是正当的教学？"在教学中，教师往往重视那些成绩比较好的学生，对那些成绩差的学生或身体有一定缺陷的学生是不关注的。从整体上看，这样的教学可能会提高效率，但它是正当的吗？在体育教学过程中，教师为了让学生达到预期的结果，以损害学生的身心健康方式，有效地获取了成绩，这样的教学是否就一定是正当的？

（一）正当教学的内涵

正当教学主要是指教学者的教学行为和教学实践应符合人类最基本道德的一种属性。从内容上来看，包括五个方面：（1）正当的教学应当是符合法律要求的，不合法何谈正当。教师在教学过程中应当尊重每位学生受教育的权利。（2）正当的教学应该是平等的。教师要做到一视同仁，平等待人。（3）正当的教学要以学生为中心，要尊重学生，在教学中体现学生的主体性。（4）正当的教学应该是符合道德的要求。如诚实守信，公平正义等。教师在教学过程中要促进学生的道德理念，培养学生成为有德之人。（5）正当的教学应该发挥教师的带头作用，做到宽严有度、松紧有法，才能保障教学的正当性。

（二）体育教学中正当教学的主要原因

1. 一味地提高有效的教学，而忽略了对正当性的重视

教学正当性是教学有效性的前提，教学有效性是教学正当性的核心，两者相辅相成，缺一不可。有些教师一味地按照学校过去的制度去要求学生，要求学生去做自己不愿意做的事，最后的结果会造成学生破罐子破摔，甚至会伤害学生的身心发展等现象。比如就《青少年健康体质标准》来说，有关教育部门重视学生的体质是否达到国家所要求的标准，各校必须准确的统计相关的数据，而多数学校为了应付，随意伪造，尤其是农村学校。忽略了有效的正当性。

2. 一味地只按预设的结果来教学

教师在安排课时，预期学生在这堂课中所要达到什么目标，早已心中有数。比如教师在课前备课和准备等这一系列的工作在教学中是不可替代的，但这指是一小部分，它展现出了一种"生成性"，而它的生成性在于预设只是一种构思和可能，在体育教学实践过程中是无法预设的，有可能会出现，有可能不会出现。因为课堂是活的，而不是定性成那样就是那样的。教学的有效性过于注重预设性，而忽略了在教学过程中发生的意想不到的情景，一味地陷入了机械式的教学观念。

3. 一味地体现出以教师为主要角色

教学活动是教师的教和学生的学双边活动。常常提倡"以学生为中心；学生是主体，"等话题。从目前教学来看，当运用到实践中去，两者之间的关系还是含糊不清，没有体现出学生的主体性。教师在讲解时，剥夺了学生发言的权利，使学生渐渐形成了没有发言的意识，像这样的教学能体现学生的主体性吗？在体育教学实践中，教师与学生之间，学生与学生之间有语言直接交流的同时，也要有肢体的直接交流，这样特殊的交流会导致教学过程中的随机应变和不可预测性，因此要注重教学的正当性。

三、体育正当教学应采取的措施

（一）保证每一位学生有参与体育活动的权利

体育课程在中小学是一门必修课程，每一位学生都具有上体育课的权利。体育教师的职责是鼓励学生积极参与体育活动。在体育实践过程中，有些学生不遵守课堂规则，在课堂上捣乱或者有些学生身体有残缺，教师为了提高教学的有效性，禁止他们参与体育活动。我们应做到：有自己的智慧和良好的教法去吸引学生，对于那些不愿意参与体育活动的学生，教师要积极地做思想工作，多去跟学生沟通；对于那些上体育课有困难的学生，教师要把他们领进操场，让他们观察体育带给人的快乐。

（二）体育教学的正当性要做到区别对待

"区别对待"教学原则在体育教学中尤为重要，因为在同一年级，同一层次的学生在智力方面可能差别不太大，而在身体素质和运动技术方面，他们存在着很大的差距，因此会造成学习运动技术快慢的问题。体育教学为了提高教学的有效性，教师对那些学习较快的学生相当重视，而忽略了学习较慢的学生或身体有缺陷的学生，这样的教学是不正当的。要根据学生的身体素质和运动技术的能力、兴趣爱好，合理地分组，教师在有效性教学中要确保教学的正当性。

（三）确保以学生为中心的主体地位

在体育教学实践过程中，学生有自己的观点和主见，教师不要把学生当成是实现某种外在目的的工具。如一些体育老师片面地认为体育课应以学生为中心，而自己觉得讲解、示范、传授越少越好，把大量的时间留着学生练习，教师却成了闲人，学生迷迷糊糊地就上完了一堂体育课。我们应该让学生不是消极，被动地接受教育，而是让他们主动、刻苦、有创造性地去学习。不是说以学生为中心，教师就不用讲解了，而要把两者结合起来，把握好授课的方法，才能使教学达到有效的发展。

第三章 高校体育教学的基本内容

第一节 体育教学设计

体育教学设计是面向教学系统、解决教学问题、实现教学目标的一种设计性的活动,是保证教学过程科学、有效进行的一种手段。在教学设计的过程中,要遵循体育教学的基本规律、学生的身心发展特点、教学内容的特点、教学环境等。本节将从体育教学设计的基本理念、评价和策略构想、现状和发展等方面论述,帮助人们认清体育教学设计在教学环节中的重要性,为体育教学设计提供科学的参考依据。

一、体育教学设计的基本理念

体育教学设计对广大的体育教师来说,并不陌生。在每一节体育教学之前,教师需要考虑学生的接受能力、教学内容的特点、教学步骤、教学目标;在教学的过程中,教师需要及时了解学生对所教授内容的掌握情况;在教学完成后,需要对教学的效果进行评价。以上这些都是教学设计中需要包括的内容。本节介绍了教学设计的概念和教学设计的基本理念,以期帮助人们更清楚地了解什么是体育教学设计,明确在进行体育教学设计时应该注意的内容。

(一)体育教学设计的工作

教学设计是教学工作开展的前提和保障,是教学技术领域的重要组成部分,因为教学设计涉及的因素众多,所以,教学设计需要掌握各种学术理论自成体系,运用科学、系统的方法,分析和解决体育教学中存在的问题,在一系列优化的方法中形成完整的、具有实践意义的过程和操作程序。我国对教学设计的研究始于20世纪80年代中期,由于教学设计在教学中起到非常重要的作用,因此,教学设计的原理和方法越来越受到人们的重视,并受到很多教育学家的重视,纷纷参与到教学设计的研究之中。但是,目前在我国体育教学研究领域还未对体育教学设计进行过多的研究,对体育教学设计的研究还局限于教师的教学计划和教案之中。

体育教学设计是一个牵涉因素很多的研究工作和计划,它从世纪体育教学的目的和各层次教学目标的需要出发，对体育教学的各个要素进行全面的分析和深入的调查，研究各要素在体育教学中的特点和作用，理清各要素之间的联系，这样才能科学、全面、系统地制定体育教学策略。这其中包括很多知识内容，现对其分析如下。

1. 制定合理的教学目标

教学目标是教学过程中的指导者，为体育教学指明了方向，在教学的过程中，规范教师的行为，保证教学任务的顺利完成。同时教学目标是体育教学中的重要组成部分，是衡量学生教学效果的指标之一，也是判断教师教学质量的有力依据。

2. 选用适当的教材

教材是教学的依据，是保证教学目标顺利达成的基本条件，为教师提供教学参考。教材的内容一般是根据特定阶段学生的生理和心理特点编写的一种具有实际针对性的教学内容。在选用教材的时候，应该根据教材中的教学内容，根据所教授的学生的特点进行分析，选择具有教学针对性的教材。因此，教材的选择也是教学设计中的环节之一。

3. 设计合适的传播媒体

任何一种知识和技能，只有在合适的传播媒体中才能发挥其根本作用，因此在教学设计中对教学媒体的选择也是一项重要的内容。体育教学传递媒体的设计，一般是根据所传授的知识或技能的特点、教学条件和学生的个体特点等多方面确定的，以便提高体育教学的质量，保证教学活动能够顺利开展。

4. 编排合乎学理的教程

教学过程是保证体育教学的基础，是体育教学得以科学、有效进行的保证，体育教学较为复杂。因此需要在进行教学的过程中进行合理的安排，一是保证了教学顺利地开展；二是提高了教学效率；三是提高了教学过程的科学性，促进了教学质量的提高。

5. 开发有特点的教学模式

所谓有特点的教学模式，实际上就是指教学模式符合教学实际的需要，根据教学内容制定的具有教学针对性的教学模式，这样的教学模式能够保证教学过程的科学性，同时有利于教学任务的实施。

6. 运用合理的教学技术与手段

教学技术与手段也是衡量教学质量好坏和教学过程科学性与否的因素之一，合适的教学技术与手段能够促进学生对教学内容的掌握，因为任何一种教学内容都有其相对应的教学技术和手段。教学技术和手段是知识和技能传播的载体，是教学设计中最终的组成部分之一。

7. 设置优良的教学环境

教学环境是整个教学过程进行的载体，好的教学环境是保证教学正常开展的必要前提，能够对教学起到很好的促进作用。任何一种教学任务的完成都离不开教学环境的支持，没有教学环境，任何一种教学活动都不可能得到发展。

8. 组织团结互助的集体

体育教学与其他学科教学不同之处在于体育教学注重教学的实践性。因此在教学的过程中为了充分发挥体育教学的效果，进行分组教学，以提高学生的学习热情，培养学生的集体意识、团结精神和社会交际能力。因此，在体育教学设计中，组织团结互助和谐的学习集体至关重要。

9. 制定适当的评价方法

评价是对教学过程的反馈，能够使学生和教师清楚地认识到教学过程中存在的不足，以便及时地进行调整和改进，保证教学的质量。适当的评价方法，能够对教学过程中的相关因素进行科学的评价，有效地反映教学中的不利因素。因此，制定适当的评价方法在教学过程中发挥着重要的作用。

由此可见，体育教学设计的问题几乎涉及了体育教学论中的所有内容，因此，在进行体育教学时，要根据实际的内容，确定体育教学设计中的相关问题和工作，将体育教学设计中的相关工作落到实处，保证教学活动的开展。

（二）体育教学设计的概念

体育教学设计，实际上就是针对整个体育教学系统的设计，是面向整个体育教学系统，以解决体育教学中存在的问题，为达到主要目标而形成的一种特殊的设计活动。它属于设计学的范畴，又要保证在设计的过程中遵循体育教学规律。

体育教学是在体育教师的指导、维持下，促进学生体育学习的所有行为方式的总和。体育教师的主要行为包括教学过程中的示范作用、教学过程中的鼓励、激发、引导的教学行为以及对课堂的管理和组织。体育教师在教学的过程中，通过这些行为活动，有计划地组织学生获得所需掌握的体育相关知识和技能，促进学生道德品质和世界观的发展和形成。因此，体育教学是一个系统且全面的教学过程，因此，在实施体育教学前，为了保证顺利地实现教学目标，教师首先要对教学过程进行全面的思考和安排：如何促进学生更好地掌握所教授的知识？怎样对教学内容进行整合和梳理？要达到什么样的教学程度？

通过上述对体育教学的特点的分析，可以看出，体育教学设计是指以人体运动的理论、体育心理学理论、体育教学论、学习理论、传播理论等与体育和教学相关的理论体系和技术为基础，运用系统的方法辩证性地分析体育教学过程中产生的问题，了解体育教学的内容和学生的特点，从而确定相应的体育教学目标、设计解决体育教学过程中出现问题的基本方案、评析体育教学的结果等过程。因此，体育教学强调的是，用现存的体育教学规律，创造性地解决体育教学过程中存在的问题。

（三）体育教学设计的特点

体育教学设计与体育教学理论，如体育教学论、体育教学法、体育教师的教案，三者之间既有区别又有联系。体育教学论强调的是教学过程中与教学目标、任务、作用、原则相关的一些理论知识，为教学设计提供了理论指导；体育教学法侧重的是对体育教学方法展开细致和深入的研究，为体育教学设计提供了科学的教学方法的参考依据；教学方案是以课时为单位的教学实施方案，是教师教学的参考，是体育教学的重要依据，体育教案是教学设计中的一部分。

从以上关于体育教学论、体育教学方法、课堂教案三者与体育教学设计之间的区别和联系中可以看出，体育教学设计具有以下几个方面的特点。

1.体育教学设计的系统性

体育教学设计要求在分析论证所存在的教学问题的基础上，设定体育教学的目标，然后根据体育教学目标，设计体育教学的环节，从而保证教学目标、教学策略和教学评价三者的一致性。体育教学的系统性，还表现在体育教学设计是从体育教学的整体功能出发，在教学的过程中，每一个教学环节之间都是相辅相成、相互促进的，它有利于提高体育教学的整体效应，并能够保证体育教学整体上的系统性，促进体育教学效果的最优化。

2.体育教学设计的灵活性

虽然体育教学设计的过程有一定的模式，需要在教学的过程中按照教学规律和既定的流程进行，但是，在进行体育教学的实际设计时，由于某种不确定因素的出现，使得教学难以按照实际的流程进行，有时候不可能完成设计规定的所有步骤。例如，在进行教学设计的时候，需要对教学过程进行学习分析，但是在我国中小学开展的体育教育中，体育教学属于基础教育，是由国家教育决策部门按照国家要求开展的体育教学的目标，统一制定的体育教学的课程标准。因此，中小学在进行教学设计的时候，就不需要到社会上进行需求分析。

在进行教学设计的时候，应该根据不同的情况和要求，根据对体育教学情况和特点的分析，灵活地在进行体育教学的过程中决定。从何处定点着手教学工作，这样不仅可以保证体育教学设计的科学性和实用性，还能省去一些不必要开展的工作，提高体育教学的效率。

3.体育教学设计的科学性

体育教学设计是保证体育教学顺利开展的前提条件，再加上目前人们尤为重视体育的终身化，又是通过人体的肌肉群的运动，促进心理不断地成长和变化，最终实现教学目标。因此，体育教学设计是一门科学，其真谛在于教学设计中，其相关步骤和内容应该具有真实性和科学性。体育教学设计的科学性具体表现为：第一，体育教学设计是建立在人体生理学、运动学、保健学以及心理学等学科的基础上的，因此体育教学具有科学性；第二，体育教学设计遵循学生的兴趣特点和教学过程的基本规律；第三，体育设计以实际教学为依据，科学地选择体育教学的目标、内容，制定具有针对性的教学步骤；第四，科学地运用系统的方法，对体育教学要素之间进行分析和策划。

4. 体育教学设计的艺术性

教师在进行体育教学设计的过程中，需要根据体育教学内容的特点、学生身心发展特点以及教学目标，并且依托不同的教学环境，将自己的教学经验和对体育教学的独特见解融入其中，使得教学方案具有新颖性、创造性、层次性，并且能够促进教学目标的完成。这样的教学设计才能给人以美的享受，在教学过程中才能够激发学生的学习兴趣，充分调动学生的学习积极性，培养学生的审美价值、心理素质和身体素质，这是体育教学设计艺术性的根本表现。

综上所述，体育教学设计具有系统性、灵活性、科学性和艺术性等特点，保证在进行教学设计的同时，以科学的理论为指导，以系统性为教学设计的基础，不断提高体育教学设计的水平，充分发挥体育教学设计的灵活性和艺术性，不断地创造，最终成为一个高质量的体育教学设计。

（四）体育教学设计的基本理念

受传统体育教学方法的影响，很多体育教师已经习惯了"讲解—示范—模仿—练习"这一体育教学方法。但是这种教学方法主要是以教师为主体，忽视了学生的主体作用，因此知识的传授过程较为呆板，学生在学习的过程中容易产生枯燥乏味之感。在这样机械式的教学过程中，不仅会造成学生身体上的疲劳，还会使学生产生焦虑、烦躁、痛苦的情绪。随着教学改革的不断深入，体育教学也处在一个改革的时期，新的《课程标准》确立了新的体育教学理念，强调要尊重教师和学生对教学内容的选择性，关注教学方式的选择，注重教学评价的多样性，促进学生体育锻炼习惯的养成。

现代教学理论表明，任何一种教育的主要的表现形式都是教学活动，体育教学活动较其他教学活动而言，具有很大的特殊性，不经过亲身参与和练习，仅仅依靠书本和别人的演示，不可能达到很好的教学效果。我国《体育课程标准》中指出，体育教学的基本理念是："动手实践、自主探索与合作交流是学生学习体育教学的重要方式。"在体育教学活动中，教师应该对教学相关因素进行严密的分析，鼓励学生积极参与、思考和练习，从而培养全面发展的综合素质人才，促进学生整体素质的提高。随着对体育教学目标和要求的不断改善，教师在进行体育教学设计的时候，也应该以教学目标为前提，更新教学设计理念，保证教学设计符合现代教学目标的需要。笔者通过对我国体育教学的分析和研究，将体育教学的设计理念整合如下。

1. 创设游戏情境，激发学生的学习兴趣

任何阶段的学生都具备好奇、求趣的心理，在体育教学的过程中，教师如果根据教学的目标、学生特点、教学内容设置合适的体育情境，并且以游戏或比赛的形式体现教学内容，这样可以培养学生的学习兴趣，活跃学生的主观创造性，丰富学生的精神生活，从而促进学生主动学习例如教师在向学生传授篮球知识和技能的时候，可以将学生按照篮球运动的规则分成两组，以比赛的形式让学生练习，这样不仅能够吸引学生的注意力，还能激发学生的兴趣，通过激烈的比赛，使学生处于兴奋的状态。在这样愉快的氛围中，学生便轻松地获取了知识，提高了学生的学习热情，有利于教学效果的实现。这样的教学方式，为教学过程注入了很多新鲜元素，激发学生的兴趣，使学生能够主动参与到教学活动中去。因此，在教学设计的过程中，教师要注重创设游戏情境，激发学生的学习兴趣。

2. 创设操作情境，培养学生的自主能力

学习是学生取得知识和技能的过程，在教学的过程中，要让学生学会学习，就要按照学生的思维和认知的发展规律组织教学，现代的教育理论强调：要让学生参与到教学中，而不是做一个学习的"目击者"。因此，在对学生进行体育教学中，必须提高学生的积极性，提高学生的参与性，这样才能将学生推到主体的地位上，在教学中充分调动学生的积极性，培养学生的主观能动性，更有利于学生对相关教学知识和技能的掌握。例如：在向学生介绍某一运动的规则时，如果用传统的教学方式，教师讲授学生记忆的方法，学生很难掌握所有的规则。但是如果在比赛的过程中让每一位参赛的队员记住比赛规则，场外的队员做裁判，或是通过一些视频，向学生讲解此运动的规则，那么就会取得事半功倍的效果。因为在这种教学的过程中，学生会不由自主地置身其中，将每一种规则与运动的步骤紧密联系起来，增加知识之间的紧密性，便于对相关教学内容的掌握。因此，在教学的过程中，教师要注重创造和设计创设操作情境，培养学生的自主学习能力。

3. 创设问题情境，培养学生的探索能力

教学的过程实际上就是师生之间合作展开的探索活动、共同发现教学中的问题、创设问题的解决方案，最终得出解决问题的途径。因此，我们在教学过程中，要善于把教学中涉及的新知识转化成问题，并通过一系列问题情境的创设，将学习过程中新旧知识之间的矛盾展现在学生面前，让学生意识到问题的存在，从而激发学生解决问题的动力，促使他们积极主动地参与到问题的讨论和探索的行列中，从而促进学生在探索的过程中不断地发现问题、解决问题，提高他们对体育学习的认识，增强他们学习的积极性。

如在教授学生立定跳远的知识时，教师先向学生抛设一些问题，青蛙是怎样起跳的？青蛙落地式的姿势又是怎样的？让学生首先模仿青蛙的姿势立定跳远，然后选择部分学生发表自己尝试后的感想。这样通过以问题的形式层层问题的切入，有利于激发学生探索的兴趣和欲望，增强学生的学习动机，促进学生对学习方法的探索。因此，创设问题情境能够培养学生的探索能力。

4. 创设交流情境，培养学生的合作精神

小组合作学习是活动教学中的一种有效的形式，它既能激发学生的参与热情，全面地照顾到每一个学生；又有利于加强学生之间的交流，使得学生能够学习别人的长处和优点，同时通过小组活动的开展，培养学生的合作精神和集体精神，因此在教学的过程中，为了保证教学的有效性，要按照教学的内容和特点，有计划地组织学生进行讨论，为他们提供交流的环境，培养他们独立思考的习惯，营造有利于表现自己、发展个性的环境。比如，在教授学生跳远腾空的动作时，先对学生分组，让学生自由讨论，由学生在合作的过程中互相启发，形成最佳的思路和方法。用这样的教学方法，不仅能促进个人的思维在集体智慧上得到发展，而且在活动的过程中，由于学生之间的交流和讨论，形成了集体的凝聚力，提高了学生的人际交往能力；并且在活动的过程中，能够激发学生的集体荣誉感，使学生在合作的过程中积极的动手、动脑，促进学生的综合素质和教学效果的提高。因此，在进行体育教学设计的时候，要合理地创设交流情境，培养学生的合作精神。

5. 创设生活情境，培养学生的实践能力

在前面关于体育教学的概述中，我们已经介绍体育起源于人们日常生活，是人们生活中的一部分，因此可以说体育情境源于生活，也可以说，生活中处处都是体育活动。因而教师在进行体育教学设计的过程中，也要秉承着促进两者之间相互融合的原则，让体育贴近生活，这样能使体育教学生活化，易于学生理解和接受，同时也有利于学生发现体育教学的价值，增强学生对体育知识和技能的认识，提高学生的实践能力。因此，在对体育进行教学设计的时候，要尽量创设生活的情境，让学生体验生活原型，再现生活的真实，激发学生的学习热情。如在向学生讲授投掷实心铅球的时候，教师首先让学生分别模仿在日常生活中如何将一个很重的物体扔出去，然后由教师纠正学生投掷时的错误动作，再让学生按照纠正后的知识进行空手演练。通过这一生活情境的讲述，消除孩子们对新知识的紧张感，使学生们兴致勃勃地参加到投掷实心球的练习中来，并且通过练习形成正确的用力方法，养成正确的投掷姿势。让学生深刻认识到学习到的东西能在我们的生活中发挥作用，培养学生对体育价值的认识，增强学生在生活中用体育知识解决实际问题的意识。因此，教师在进行教学设计的时候，要注重创设生活的情境，培养学生的生活实践能力。

二、体育教学设计的评价与策略的构想

随着素质教育的全面推进和我国体育教学改革的不断深入，广大的体育教学工作者对体育教学设计越来越重视，并投身到体育教学研究工作的行列，利用自身的实践经验和知识的积累，结合当代教育的发展方向，使得各种新型的教学模式不断涌现。本节着重介绍了体育教学设计的评价与策略构想，希望为广大的体育教学工作者提供更多教学设计和策略构想方面的方法和思路，促进教学质量的提高。

（一）体育教学设计评价

经过多年对体育教学的研究，笔者认为，无论体育教学如何改革，模式如何创新，评价体育教学过程的好坏，仍然不外乎教学设计、教学组织和教学效果这三个层面。从三者对于体育教学的作用而言，教学设计又是体育教学中最基本的部分，它是体育教学的基础，是教师实现对教学活动进行的预测和设想。体育教学设计得越充分，教学成功的可能性就会越大。笔者认为，体育教学设计的评价，应该从以下几个方面进行。

1. 教学活动的目的性

无论任何一种教学活动，只有在明确的教学目标的指导下，才能保证教学活动有条不紊地进行，因为体育教学目标是体育教学的方向。体育教学目标的设计是体育教学设计的一部分，在进行体育教学目标的评价的时候，首先要看在教学内容和时间的安排上，体育教学活动的目标是否能够突出重点；根据教学内容的特点以及学生的特点，剖析在教学的方法的和手段的选择上，教学活动的目标是否能够突破教学的难点；从教学内容的综合性和多功能上看，教学目标是否有利于德育的开展。

除此之外，还要根据教学目标的制定过程中，是否有充分考虑到学生的特点，包括学生的现有体育基础、身体状况、发展需要以及接受能力。随着学生的成长，心理、身体特点等各方面都发生了改变，这就使得教学内容、目标、方法也要做出相应的调整。因此在设计体育教学目标的时候，要充分考虑教学目标的实用性，根据学生的特点和教学内容的特点，对教学目标按层次进行划分。

因为，目标是衡量和提升学生质量的关键因素，目标过高或过低，教学任务的难度过大或是过小，或是不根据学生的具体情况进行教学目标的划分，这些都是不符合实际需要的，也不利于学生的教学发展，这样的教学设计更是不利于教学质量提高的。

2. 教学过程的完整性

任何一种学科的教学都是一个完整的过程，这是教学活动的基础，由于体育教学是一个对实践性要求较为严格的学科，因此在教学的过程中对其教学过程的完整性有着非常严格的要求，这也是衡量体育教学设计优劣的一个标准。

体育教学的过程一般包括准备部分、基本练习和结束部分三个主要的阶段，这三

个阶段贯穿于体育教学的始终，评价体育教学过程的完整性主要也是看这三个基本阶段之间的逻辑是否科学的存在，下面对这三个阶段做简要的概括，帮助人们认识完整的体育教学过程。

（1）体育教学的准备部分。体育教学的准备部分是体育教学实施的基础，科学有效的体育教学正是建立在这种充分准备的基础上的。准备部分实际上就是在教学之前，将学生的积极性、体育相关的知识和技能、身体系统的机能以及学习的经验充分调动起来，使学生在教学开始之前处于学习的准备状态，便于学生在教学过程中知识和技能的接受，以及教学兴趣的提高。因此，从对学生准备部分的安排上，判断学生是否了解教学的目标，是否对体育相关知识和技能产生足够的兴趣、课堂练习是否能够促进所掌握的相关知识和技能之间的联系；从准备部分的效果上可以判断学生的学习愿望是否强烈，学习的热情以及学习的积极性能否被充分调动出来。

（2）体育教学的基本练习部分。体育教学过程中的基本练习部分，实际上是围绕着体育教学的内容展开的。它是完成体育教学任务，实现体育教学目标的实践阶段，也是最基本的阶段。在这个阶段主要需要判断的是：第一，教师理解和处理教材的能力，以及教师在教学的过程中指导学生学习的思路和方法，是否符合学生的身心发展规律，是否能够激发学生的思维能力和创造能力；第二，教师制定的教学目标和教学模式是否符合学生的生理和心理的发展需要，是否能够满足当今社会对体育教学的总要求，是否能够满足学生的全面发展的需要。

（3）体育教学的结束部分。体育教学过程的结束部分，实际上就是指教学任务完成之后的收尾工作，包括对教学效果的检测、新教学任务的布置和教学作业的安排。因此，教学的结束部分的衡量标准主要是：能够让学生从教学过程中获得身心方面的成长、通过教学活动获得运动的乐趣、能够结合教学的实际及教学的需求做出合理的评价、有利于学生良好的学习习惯的养成。因为教学的结束部分能够直观地反映效果，能够及时地反馈教学的情况。因此一个好的教学设计，在教学结束部分能够大大巩固体育知识和启发后续学习，有利于学生良好学习习惯的养成，能够实现教学的基本目标。

3.场地布置的合理性

场地、器材是保证体育课程能够正常开展的前提和基础，是上好一节体育课的物质保证，场地和器材的分布和应用的合理性，是教学设计者对教学场地、器材、学生、教学内容掌握情况的根本反映，在这一环节中，只有体育教学工作者充分掌握以上的内容，清楚场地、器材、学生特点和教学内容之间的关系，才能充分利用体育教学场地，合理布置体育教学任务，保证教学工作正常进行。因此，场地布置是否合理也是体育教学设计评价的一部分，是衡量体育教学科学性与否的依据之一。

随着目前体育教学改革的不断深入，教学目标层次的不断扩大和提高，体育教学内容的评价也有所侧重，并且对教学质量的提高起到促进的作用。在这一环节中，尤其是对教学效果的评价，将会在体育教学过程中为一线教师指明体育教学的方向。

（二）体育教学设计的策略构想

随着人们生活习惯和社会发展现状的改变，体育教学逐渐受到人们的重视。体育教学设计是体育教学中最为重要的环节，随着我国对体育教学研究的不断深入，许多教育工作者加入体育教学设计研究的行列。笔者通过多年对体育教学的研究，将在本节中提出体育教学设计的策略构想，为广大体育教学工作者提供教学设计的参考。

1. 体育教学设计策略的概念

教学策略是为实现特定的体育教学目标而制定的教学模式、方法、形式和教学媒体等教学过程中涉及的各个因素的总体考虑。在对体育课堂进行教学设计的时候，首先应该根据《体育课程标准》中的五个领域的目标，根据体育教学涉及的各方面的具体情况和内容，灵活地选择和设计体育教学模式，以达到促进教学任务圆满完成、促进学生身心健康发展的目的。

2. 体育教学设计的策略研究

任何一种教学设计都存在着一定的规律性，通过多年对体育教学的研究，笔者认识到，体育教学设计也存在着一定的规律，这种规律需要体育教学研究者不断地研究，最终才能设计出科学合理的教学设计。为了帮助更多体育教学研究者正确认识体育教学设计的意义和概念，便于在教学设计中工作的开展，特在本节中对体育教学设计的意义进行总结。

（1）理论认识有助于提高教师的意识。体育教学实际上就是实践教学，需要通过学生的身体肌肉群的运动和变化，才能保证体育教学活动的进行。因此，体育教学在设计的过程中也要坚持"以人为本"的原则，保证教学过程中的运动负荷要符合人体机能的活动规律，符合动作技能的形成规律。在教学的设计过程中，要根据不同学生的身体差异，安排合理的教学内容，选择科学的教学方法，制定合适的教学目标。除此之外，还要依据学生的年龄层次，选取不同的教学内容和方法。但是从目前的体育教学设计的情况看，许多教师在进行教学设计的时候，只是靠积累的教学经验进行；也有些教师由于教学经验的不足，借鉴他人的教学设计，忽视了对学生特点的考察。出现这种情况的主要原因，主要是教师片面地认为自己的教学设计，只要符合教学理念，教学方法新颖，教学内容符合大纲的要求，就是一个好的教学设计。

但是，这样的教学设计并未在实践教学过程中取得理想的教学效果，笔者经过对这一现状的分析和研究得出，我国体育教学质量与目标之间存在着差距的主要原因，在于教师在进行教学设计的过程中忽视了对人类动作发展的研究，忽视了运动负荷与身体机能之间关系的研究。笔者认为，体育教学面对的是学生，因此在教学设计的形成过程中，一定要对学生的特点和动作发展的规律进行研究，结合研究的结果进行针对性的设计。同时在教学的设计过程中，教学活动还必须符合学生正常的认知规律，正确处理各种教学元素之间的关系，充分发挥教师的主导作用和学生的主体作用，并能够促进两者之间有效的结合。

（2）设计因素的系统化将提高教师的设计能力。目前，随着世界对体育教学越来越重视，我国对体育教学的研究者也越来越多，但是，一直以来，体育教学研究一直围绕教学目标、教学方法、教学内容、教学评价和学生特点等几个方面。笔者经过多年的研究，将这几个方面在教学设计中的作用进行简要的概括。

1）教学目标设计是教学设计中的关键。传统的体育教学中，教学目标制定得相对而言较为简单，目标制定的思路也比较清晰，只需要根据体育课程标准的要求、教学的物质条件和学生的特点，就可以进行制定。但是，目前由于新课标教学理念的产生，对体育教学的要求也越来越高，也给体育教学目标的制定带来了不小的难度。因为现在的体育教学目标的制定，是建立在新课标的理念下，新课标由于推行时间尚短，所涉及的内容众多，本身就不易于理解。教师在制定教学目标的过程中，如果对新课标理念理解得不够深入和透彻，那么就会使得制定的教学目标与实际教学逐渐产生存在着差距，不利于体育教学工作的开展。

笔者认为，教学目标的设计需要立足于以学生的发展为本，以与体育和健康课程的目标为依据，为了便于目标的完成，可将教学目标按照教学的层次分为课时教学目标、单元教学目标和学期教学目标等几个部分。在教学目标的设定中，还要保证层次目标之间的区别和联系，如课时教学目标只是为了解决本节课所要解决的问题，多节课时教学目标组成单元教学目标。但是，目前我国对课时教学目标的确定上还存在着一些缺陷，比如学生在课堂上需要做什么，学生能够完成的依据是什么？如果教学内容不符合实际教学目标的，那么就会使得教学过程出现混乱的局面。因此在教学目标的制定过程中，其关键因素就是认真研究学生的发展规律、研究学生的身体素质和健康标准，在教学的过程中不断总结，不断积累教学经验，最终制定出合理的教学目标。

2）学生起始能力的分析是教学设计的前提。所谓的学生的起始能力，实际上就是指学生现有的体育相关知识水平、运动技能水平、身体状况、心理发展水平和学习心理准备水平，等等。如果在教学的过程中，高估或是低估学生的学习能力和知识水平，就会导致教学的失败；在教学设计的过程中，一些缺少教学经验的教师，往往从自己的角度分析学生的情况，确定教学内容和教学目标，一旦教学目标的开展受到阻碍，就会责备学生，但是从学生身体的发展规律上研究，学生是没有完成这一教学任务的能力的。虽然一些有经验的教师能够得心应手地处理教学设计中的相关问题。主要是因为这些教师除了具备丰富的教学经验外，还清楚地知道，在教学过程中对学生进行分析的重要性，知道对什么样的学生采取什么样的教学方法，这样的教学设计才能具有针对性。

  笔者认为，在进行教学设计时，首先应该对学生的情况进行科学的分析，如在教学设计之前，对学生进行摸底，根据摸底的情况对学生进行分层，根据学生的学习能力和原有的体育水平，安排合理的教学内容，就能不断提高学生的体育相关知识和能力，提升学生对体育学习的兴趣，提高教学质量。

  3）教学内容选择是教学设计的基础。教学内容是教学的前提和依据，是组成教学过程的关键因素。在《体育与健康》中，课程内容结构设计涵盖了多种教学活动类型。如活动类、动作教育类、增强体质类、运动教育类等，这些教学活动类型，为教师制定教学内容提供了选择的方向。但是在《体育与健康》中，由于课程活动类型和教学内容选择较多，为教学带来了很多的问题。如：这些教学活动的类型，并没有明确地规定适合某一个年龄层次或是年级的学生，也没有规定学生应该学习什么样的具体内容并且达到怎样的标准，这样一线教师就无法科学地、系统地选择体育教学的相关内容，导致教学设计的失败。

  那么，在教学设计中应该怎样选择教学内容呢？笔者通过对体育教学的分析指出：在制定教学内容的时候，应该以提高学生的学习兴趣为前提，尊重学生的运动规律和认知的发展规律。但是需要指出的是，在教学设计中，切忌唯兴趣论的出现，因为体育教学的乐趣和教学的目标，不是仅仅通过对学生学习兴趣的提高就能够达到的。因此在教学设计中，要能够充分发挥教师的主观能动性，积极地思考。在教学内容的选择上，利用学生的"最近发展区"进行运动的改变。对于没有内容的标准，应该注重将几个内容进行结合，让学生主动探索，这样就能够在使学生得到锻炼的同时，又能提高学生的思维能力，促进教学目标的实现。

  4）媒体和教学方法的应用是教学设计的必要。媒体实际上就是在教学过程中，学生用以传递知识和技能的手段或者工具，是连接学生和知识、技能之间的桥梁，如果媒体选择不正确，那么就无法达到理想的传输效果，影响体育教学的质量。在选择媒体的过程中，首先要考虑是否能有效地传递教学信息，教学媒体必须呈现出与各种感知方式最匹配的教学刺激，这是教学媒体选择的关键。从以上关于媒体的选择中可以看出，媒体的选择其要符合"有效""匹配""刺激"三个关键词，由此也可以看出，教学媒体中的刺激作用是作为教学工具的属性。在教学的过程中，教师通过教学媒体的选择，通过听力、视力和感官的刺激提高学生的学习兴趣。但是，需要强调的是，并不是所有内容的体育教学都需要借助媒体工具，要结合学生的特点、学校的教学条件、教学内容和教师的水平，选择性地进行教学。

  上文中我们介绍了媒体在体育教学中的重要作用，接下来，我们需要弄清体育教学方法在体育教学中的作用。教学方法实际上就是教学活动过程中，为了达到课前预设的教学目标所进行的教学活动的方式、手段和教学方法的总和。不同的教学内容、不同阶段的学生，均有最适合的教学方法与之相对应。但是，由于主动因素的限制，目前对体育教学方法的设计中出现了跟风的现象。甚至有一些教师对教学方法的含义以及使用的范围还未完全掌握的情况下就进行模仿。通过对近几年我国体育教学设计的分析和研究，笔者认为，在教学方法的设计上除了教学方法和学生的内容不同外，还要根据教师的水平和对教学实际的掌握进行，保证教学方法符合教师的实际操作需要，避免了教学方法选择的盲目性。

5）教学评价反馈是教学设计的保证。新课标强调注重教学评价，因为教学评价是检测教学效果的途径之一，也是提高教师教学水平、保证教学质量的根本途径之一。由此可以看出，教学评价是教学活动中十分重要的一个方面，对教学目标、教学过程以及教学方法的选择正确与否，都能起到很好的反馈作用，教师可以在教学的过程中，利用教学评价检测教学效果，检测确定的教学目标是否正确，教学方法的选择是否合理，教学内容的制定是否符合教学实际需要，教学过程中有不需要改善的方面，等等。由此可见，教学评价具有双向性，明确学生的学习方向，时刻为教师提供教学过程的动态，便于教师及时调整自己的教学实践。

一些体育教学研究专家和学者认为，教学设计实际上就是教学过程中的预设，存在着一些不确定性的因素，设计教学评价的作用就是及时地发现这些不确定因素带来的不利影响，使得教师能够根据环境的变化，调整自己的教学方向，最终保证体育教学的效果。在进行体育教学设计中，及时地进行教学评价是教学设计中运用最多的手段，因为体育教学过程是一个相对较为复杂的过程，难免存在着很多不确定的因素，这也是进行教学评价的时候应该考虑到的因素，及时评价能够帮助教师预防和解决教学过程中的突发问题，便于教师在课后及时地进行反思，及时调整教学过程，促进教学目标的实现。

通过以上的文字，我们可以了解到，体育教学设计评价与策略构想，在体育教学设计中发挥着重要的作用，对体育教学设计起到主导的作用。因此，对于体育教师而言，在教学过程中，要建立对体育教学设计评价和体育教学策略的认识，清楚体育教学策略构想，这样才能够对教学设计起到推波助澜的作用。

第二节 体育教学过程

任何活动都是以过程的形式存在和发展的，任何一种事物的发展和变化，都是过程的集合体。体育教学活动的展开，实质上也是一个体育教学过程。因此，体育教学过程是实现体育教学目标的必经之路，是体育教学的重要组成部分。为了展开有效的体育教学，我们首先应该清楚体育教学过程的本质、含义、性质、规律和特点，这样才能了解什么是体育教学过程。

一、体育教学过程的含义与性质

体育教学过程是体育教学中的重要组成部分，是体育教学的中心枢纽，是一切教学活动的表现，为了帮助人们更加清楚的明确体育教学过程的含义，特在本节中重点介绍了体育教学过程的概念、性质以及与教学过程有关的概念，以便读者更好的形成对体育教学的认识。

（一）体育教学过程的含义

通过对其他有关体育教学方面书籍的阅读，笔者认为目前学术界关于体育教学过程含义的认识主要表现在以下几个方面。

第一，认为体育教学过程是实现体育教学目标的途径和过程。因为体育教学目标是通过教学活动的实施才得以实现的，因此，教学过程是实现教学目标的途径。

第二，体育教学过程是有组织的程序和有计划的安排。教学过程是依据体育教学计划进行的，具有教学组织性和计划性，因此，将体育教学过程称为是教学的组织和计划安排。

第三，体育教学过程是学生掌握各种体育教学知识、运动技能，以及各种体育活动的过程。体育教学过程是由教师的教和学生的学组成的，是知识和技能的传递过程。

根据以上三种有关体育教学过程的定义，笔者对体育教学过程的含义定义如下。

体育教学是为了实现体育教学目标而进行有计划的组织和实施，在此过程中完成知识和技能的传授，帮助学生获得体育相关知识和技能。

在整个教学中，根据教学的进程，可以将体育教学过程分为以下几个层次。

第一，超学段体育教学过程。

这是对整个学校教育中体育教学的总结，包括从小学到大学毕业所规定的各种学习阶段的教学，因此，也可以将超学段体育教学过程称为体育教学的总过程。

第二，学段体育教学过程。

学段体育教学过程亦是学校教育的各个阶段的体育教学过程，如小学阶段、高中阶段、大学阶段的体育教学过程。

第三，学年或是学期体育教学过程。

学年体育教学过程的单位是年级，如五年级体育教学、六年级体育教学，包括上下两个学期，指的是整个年级的教学；学期体育教学较学年体育教学而言，时间较短，是以学期为主要的划分单位，如三年级上学期的教学过程即为学期教学过程。

第四，单元体育教学过程。

顾名思义，单元体育教学过程就是以教学单元为单位的教学过程，如篮球单元的教学过程、足球单元的教学过程。

第五，课堂体育教学过程。

课堂体育教学过程是指上课到下课为时45分钟的教学过程。

（二）体育教学过程的性质

体育教学过程是体育教学的重要组成部分，是体育教学活动的体现，也是体育教学效果的必经之路，这一环节同时还包含学生的学和教师的教的过程，因此涉及的相关的因素较多，应该引起每一位教学工作者的重视。笔者通过多年对体育教学实践的研究，得出体育教学过程具有以下几种性质。

1. 体育教学过程是学生掌握运动技能的过程

每一种知识和技能的教授都需要一个严谨有序的教学过程，并且每一种教学过程都有其相对应的意义。知识类学科的教学过程主要使学生识记概念以及运用判断、推理等思维方式帮助学生掌握学科所需的知识、发展学生的智力，而体育教学是通过不断地引导学生进行身体练习，帮助学生掌握运动技能的同时促进学生身心健康的发展。如：在体育教学的过程中，教师通过对学生不断地指导和练习，使学生掌握篮球的比赛规则和投篮技巧，并通过这种运动的进行，培养学生的应变能力，强身健体。由此可见，体育教学过程实际上就是学生技能掌握的过程。

2. 体育教学过程是提高教育运动素质的过程

运动技能的获得和运动素质的提高是相辅相成、相互促进的关系，因为运动是通过肌肉群的做功完成的，所以，反复地练习能够有效地提高肌肉群的运动素质，因此体育教学本身就是一个不断提高肌体运动素质的过程，也是一个不断增强学生体能的过程。比如在对学生进行立定跳远的练习时，刚开始接触这项运动的时候，学生会感觉大腿内侧肌肉有明显的紧张感和酸胀感，但是通过一段时间的练习后，学生不仅能够掌握此项运动的技巧，身体也会对此项运动产生一定的适应性。因此，在进行体育教学的过程中，不仅要注重学生对体育技能的掌握，还要关注学生的运动素质的提高，这就需要教师在进行教学设计、安排进度和选编内容的时候不仅注重运动技能的提高，还要注重运动素质的培养。

3. 体育教学的过程是学习知识和形成运动认知的过程

体育教学是人文学科和自然学科的综合体，体育教学在以要求学生掌握运动技能的基础上，也会涉及许多其他相关知识的学习和运动认知的获得，从认知理论而言，这也是学生掌握运动技能和提高运动素质的基础。有很多体育运动会对在运动的过程中，提升学生的反应能力，通过动作的反复练习，增强学生的体能，增强学生的智力，因此学习过体育运动的人和没有学习过体育运动的人在认知的发展上存在着明显的差异。由此可见，在某种程度上而言，体育教学的过程也是学习知识和形成运动认知的过程，教师应当给予重视。

4.体育教学过程是集体学习和集体思考的过程

体育教学的主要教学形式就是集体教学，这主要取决于体育运动的特点，大多数体育运动都是由集体或小组共同完成的，包括体育学科知识、技能，甚至是体育运动素养的养成都需要建立在集体的平台上。随着体育教学的不断改革，当今社会对体育教学的要求也逐渐趋于集体性，以便充分发掘集体教学过程中的潜在作用。集体教学活动本身能够促进学生之间，学生和教师之间的互动和交流，培养学生的集体主义精神，提高学生的社交能力。如在对学生进行体能训练的过程中，学生之间能够互相帮助，与此同时也能促进经验和技能的交流，从而促进教学质量的提高和教学目标的完成。

5.体育教学过程是体验运动乐趣的过程

体育运动与学生的身体息息相关，从生物学角度而言，运动的过程实际上也是身体经过生物学改造的过程，同时，也是身体和心理方面体验运动乐趣的过程，这种运动乐趣既是运动本身带有的性质，也是学习体育课程的基础和条件，更是培养学生终身体育意识的基础。因为在文化课的教学过程中，学生的肢体语言、空间感和交流自由感等都是受限的，但是在体育课堂上，这些限制就被冲破，学生能充分地体验自由交流的乐趣，体验放大的空间带来的满足感，甚至还能体验到运动为自己带来的成就感。如学生刚开始接触一项运动的时候，因为不熟悉，往往会产生焦虑的心理，一旦经过长期的锻炼获得这种技能，就会有强烈的成就感。因此，体育教学的过程具有体验运动乐趣的性质。

（三）体育教学过程中相关概念的介绍

体育教学过程是体育教学的重要组成部分，也是体育教学的核心和根本，本章主要讲述体育教学过程的概念和性质，由于体育教学过程涉及的知识和内容众多，因此，要想了解体育教学的概念，首先应该清楚体育教学过程与其相关的概念之间的关系。笔者为了更加全面地向人们阐述体育教学过程，在此就体育教学过程与教学原则、教学模式、教学设计和教学计划等相关概念之间的关系做基本的阐述。

1.体育教学过程与体育教学原则

在很多著作中所讲述的体育教学原则，实际上都是体育教学过程的原则，因为这是教学的根本体现，因此，所以体育教学原则和教学过程之间存在着不可分割的关系。具体体现在以下几个方面。

第一，体育教学原则是体育教学过程的基本要求，如，因材施教的原则，这一原则要求教师在进行教学的过程中，要根据学生的特点选择合适的教学方法。

第二，体育教学原则是优化体育教学过程的基本内容，如体育教学原则能够使得教学过程不断地规范，保证教学过程的优化。

第三，体育教学原则贯穿于体育教学活动各个层次的教学活动之中，体育教学原则并不是指教学过程的某个阶段，而是每一个阶段，如整体性的教学原则，不管是初中、高中还是大学，在进行体育教学的时候，都要坚持这一原则。

虽然体育教学原则和教学过程之间有着紧密的联系，但两者也存在着很大区别，具体如下。

第一，体育教学过程较侧重的单位是时间，时间是教学过程的组成单位，但是教学原则是一些理论的要求。

第二，体育教学过程是由不同的教学层次组成的，虽然每一个教学层次的内容都不同，但是体育教学原则是贯穿于整个教学过程的。

2.体育教学过程与体育教学模式

通过前面文字的论述，我们已经清楚地了解到体育教学模式的概念，也明确体育教学模式实质上就是单元和课时体育教学过程结构，是根据某种体育教学思想设计的教学过程。由此可见体育教学过程是能够体现出来的，但是体育教学模式则是抽象的，只能依附于某个教学概念体现，因此可以说体育教学模式和体育教学过程之间的最大的区别就是具体和抽象的区别，在教学过程中，那些具体的、有一定教学特色的教学设计，包括教学方法中的方法体系等，就是体育教学模式。

3.体育教学过程与体育教学设计

体育教学设计是教学过程的前提和条件，教学设计实际上就是体育教师对某一教学过程的构想和安排，任何一个体育教学过程都是根据教学设计进行的，教学设计也是教学过程的一部分，是教学过程的计划。我们不能认为所有的教学过程都需要教学设计来实现，但是一个完整的、有目的的教学过程必须需要教学设计的参与，因此教学过程和教学设计之间是相互依存的关系。

4.教学过程与体育课堂教学

体育课堂教学只是教学过程中的一个场景，是组成教学的一个基本单元，课堂教学是体育教学的实践，是组成体育教学的元素，因此教学过程和课堂教学是密切联系的整体，相互兼容，相互渗透，不可分割。

与教学过程相关的概念还有教学方法、教学内容、教学步骤、教学元素等，这些都是组成教学过程必不可少的前提条件。总而言之，体育教学过程涉及的相关因素众多，它们不仅仅是体育教学过程的参与者和组成者，同时也是各体育教学研究者们观察体育教学过程的基础和依据。本节主要是为了让各位读者认识到体育教学过程在教学中的地位和作用，进而举例阐述几个教学过程中有关的概念与体育教学过程之间的关系，关于体育教学过程较为深刻地理解，还需要教学工作者和体育专业的学生结合教学实践和教学实际进行理解和总结，以便充实、丰富自己对体育教学过程的认识，从而更好地理解和进行体育教学。

二、体育教学过程中的规律

任何事物都有其客观规律，只有遵循这一规律才能达到理想的效果。如果不清楚事情的规律，就不知道如何去做，也就不能将事情做好，对于体育教学工作也是如此。因此，要搞好体育教学，必须清楚体育教学的规律，笔者通过对体育教学过程的研究，得出体育教学存在着规律性，为了帮助更多的教学研究者做好体育教学工作，特在本节中对体育教学过程中的规律进行探讨和揭示。

（一）关于教学规律的探讨

同其他事物的规律一样，教学规律是一切教学活动的内部反映，是客观存在的。但是教学的规律又不同于自然界中其他事物的规律，自然界的规律是物质运动的规律，只要这种自然现象或是事物存在，这种规律就会表现出来。而教学规律是一种社会活动，其所有的规律只存在于教学实践之中，并根据教学过程的变化而变化。

为了提高教学质量，许多国家的教学研究者纷纷进行教学规律的研究，从20世纪70年代起，国内外教学界的专家就对教学规律做了深入的研究和探讨。达尼洛夫在《中学教学论》中提出了教学存在的五条规律：第一，教学的内容必须符合人类在各个知识领域中所要达到的发展水平；第二，在教学的过程中，要注重教学与教育的统一性，这是教学的基本规律；第三，要注重学生在教学活动中的主体性，努力提高学生的学习积极性；第四，在教学方法的选择上，要遵循学生的认知发展的规律，符合该学段学生的成长需求；第五，学生的发展取决于其所获得知识和技能的性质以及由它引起的教学活动的性质。

列尔涅尔在《教学过程及其规律性》中提出教学具有如下规律：第一，教学具有教育性的规律，教学的根本目的是通过一些知识的传授和技能的传递，丰富学生的知识，扩展学生的视野，因此，教学的教育性是其所具备的规律之一；第二，教学活动需要教育者、被教育者和教育内容的共同参与和相互作用才能完成；第三，教学活动只有在学生的学习动机和教师的教学目的相统一的情况下才能进行，而教师在教学过程中的行为也要符合教学内容的要求；第四，教学活动具有引导性，需要教师给予正确的引导才能完成；第五，教学目的、教学方法、教学内容三者之间永远都是相互依存的关系，教学方法和内容制约着教学目的的实现，教学目的又决定着教学方法。

我国的教学界对教学规律也有所研究，唐文中在《关于教学过程的客观规律问题》中，提出教学的规律是存在一定的层次性和指向性的，许多教学研究者通过探讨教学过程的各种关系，得出体育教学的客观规律主要有以下几点：第一，教学受到社会的发展和人类文化水平以及受教育者身心发展制约的规律；第二，教学过程中，教师的主导作用、学生学习的主动性、积极性相结合的规律；第三，教学过程中，学生的知识的发展与运用能力相互促进的规律；第四，教学过程中各种对应关系之间和工作环节之间的连贯性和协调统一的规律。

李秉德认为，体育教学过程中的基本规律不仅具有必然性和稳定性，而且对教学的结果和教学的目标的完成具有决定性。李秉德在《教学论》中集中讨论了教学过程中存在的基本规律：第一，教学的内容、目的、教学过程中的任务受制于社会的发展水平和状态的规律；第二，教学的内容与学生认知能力的发展相互制约和促进的规律；第三，教师的教授和学生的学习相互影响、相互作用的规律；第四，教学效果受到教学内部因素和外部因素的影响相互协调统一的规律。

除了李秉德之外，我国教育专家张庭楚也对教学规律进行了系统的研究，得出的教学规律可以分为以下三类：第一，教学的特征性规律，所谓的特征性规律是指一些教学要素的自身特性，就是在教学的过程中，要遵循内容的时代性、知识传授的简明性、学生发展的多样性等基本规律。第二，教学的过程还要遵循因果性的规律，实质是指教学的效果要和教师的教学行为和学生学习的积极性相互统一，注重师生影响的双向性、教学与学生发展的协同性以及教学要素之间的关联性等教学规律；第三，教学过程的结构性规律，就是在教学的过程中，要遵循教学要素关联的多样性、教学要求的实践性、教学内容的简明性和教学方法的有效性等教学规律。

（二）体育教学规律的含义

任何一种事物的规律都是客观存在的，是事物发展过程中的本质属性和必然的联系，是事物的本身所固有的。体育教学过程作为一种以运动为媒介、以促进学生的身体素质的提高和综合素质的养成为根本目的的活动，也必然存在着一定的规律性，因此我们首先应该了解体育教学的基本规律，在教学的过程中遵循这些客观规律，这样就能更好地实现体育教学的目标。

根据多年对体育教学的实践，以及对体育教学的研究和相关文献资料的查阅，笔者将体育教学的含义归纳如下：体育教学规律是体育教学过程中客观存在的和必然显现的，与体育教学的特殊性有着密切的联系和共同的规则。

（三）体育教学过程的规律

体育教学规律决定了体育教学的目标是否能够实现，那么，体育教学过程中究竟存在着哪些规律呢？很多学者都给出了不同的答案。根据对体育教学的研究和分析，结合其他教学研究者对教学规律的归纳和总结，笔者提出体育教学过程有以下几种规律。

1. 社会制约性规律

虽然体育教学同其他学科教学有着明显的区别，但其归根结底还是一种教学活动，是一个培养人的过程。因此，体育教学理所应当会受到一定的社会物质、文化水平、社会发展需要的影响，尤其受到一定的社会教育目标和教学内容的影响。由此可见，各国的国情不同，人们的素质和文化水平不同，体育教学的目标和内容也就有所区别。就目前我国体育教学的现状而言，其作为学校教育的重要组成部分，与其他学科体育教学是学校教育的重要组成部分，和其他的学科教学一起，共同承担着实现学校教育的目标。除此之外，体育教学的过程也将会受到社会的经济水平、政治水平、文化发展水平和科学技术水平的影响。如当国家经济和技术和技术水平较高的时候，在运动器械的购置和构成上也较为先进，这对教学的内容、手段和教学的目标都会有所影响。因此，在体育教学的过程中，必须使体育需要与社会发展的条件和需求相适应，并随着社会的改变而改变，发展的变化而变化。

2.学生身心发展的规律

体育教学的对象是学生，学生是一个不断成长的个体，其身心发展具有的一定的规律性。因此在进行体育教学的过程中，不管是教学目标的制定，还是教学内容的安排，以及采用相应的教学方法、措施及教学组织形式，都必须从学生的年龄、性别、认知水平、接受能力等身心发展的特点出发，要保证所选择的教学过程中的各种因素符合他们的接受能力和体质状况，以便教师选择最佳的教学方法，因材施教，促进教学目标的实现和教学效果的完善。传授体育教学知识、技能，促进学生身体和心理素质都健康全面的发展。这不仅仅是学生成长过程中的需要，也是当今社会对学校教育的根本要求。在教学的过程中，教学的内容影响着学生的身心发展，而学生的身心发展又反过来影响着体育教学的内容和方法等。如在对一年级学生进行教学的时候，就不能使用领会教学法；对六年级的学生进行教学的时候，不宜使用故事法，这与该学段学生的心理状况不符。因此在进行体育教学的过程中，要适应学生身心发展的规律。

3.认识事物的规律

教学的过程实际上也是一个培养学生认知能力和不断认识事物的过程，学生在学习和掌握体育知识、技术和技能的过程中，也必须遵循认知活动的规律。因为体育教学是一门相对而言较为复杂的学科，它要求学生在学习的过程中要将感知、思维和实践三个环节紧密地结合起来。感知是学生认识事物的开始，也是学生学习的基础，只有将事物的表象在学生的头脑中建立起来，才能进行知识和技能的传授；思维是形成理性的认识、掌握运动技能的关键；实践是对体育知识和技能的额巩固，是知识的应用和技能的提高的必经之路。体育教学是一门实践性极强的学科，侧重于技能的传递，因此在教学过程中，也必须遵循认识事物的规律。如在进行跳远这项运动技能的学习时，首先需要学生认识什么是跳远，这是感知的阶段，然后学生在了解跳远的基础上，思考如何才能跳得远，最后进行反复的练习，最终掌握跳远的方法。这反映了教学过程中学生认识事物的客观规律。

4. 教育、教养和发展相统一规律

教学的过程是学生受教育的过程，随着教学的不断改革和发展，教学的目标也在不断地完善，注重学生全面发展已经成为现代教学的总要求，因此体育教师在教学的过程中也应该结合对学生知识、技术和技能的传播，注重对学生的思想品德的教育，促进学生的个性化的发展，力争在向学生传递体育运动相关知识和技能的过程中，使学生的思想感情、精神面貌、意志和品格等都受到影响，并有明显的提高，这是当今体育教学的教育目标；与此同时，体育教学要教授学生一定的专业知识以及技能，要以一定的专业知识和技术武装学生，这是体育教学的目标；教学能够通过提高学生对体育学科的认识，增强学生对体育运动的兴趣，促进学生对正确的学习方法的掌握，并培养学生在学习过程中的自信、自评的能力，为终生体育打下坚实的基础，这是体育教学的发展目标。如对学生进行足球运动的教学时，首先通过这种集体性的活动，培养学生的集体意识和团结合作的能力，培养学生足球运动的素养，激发学生对足球运动的兴趣，从而将这项运动作为终身性的运动。由此可见，体育教学过程遵循教育、教养和发展相统一的规律。

5. 教师的教和学生的学辩证统一的规律

教学的过程包括两个不同的领域，既是教师教的过程，也是学生学的过程，两者之间是相互作用、相互影响的。为了全面提高体育教学的质量，体育教学工作者必须能够正确认识教与学的关系，为了保证教学质量，体育教师必须正确认识教授和学习的关系，在教学的过程中既要发挥自身的引导作用，又要发挥好学生的主体作用。教学的过程中既要能够充分发挥教师的引导作用，又重视学生的主体作用，教师需采用科学有效的教学方法，引导学生掌握体育教学的相关知识，并通过实践过程的引导，逐渐将这种知识转变成技能。而在这一教学环境中，学生是学习的主体，是教学成功的内部根源，教师的教学是外因，外因只有通过内因才能起作用。如果教学的过程中没有学生的感觉的作用、思维的运转、运动的时间，只依靠对学生的灌输，是无法达到教学目标的；反之，如果教学的过程没有教师的指导，仅仅依靠学生自身的摸索式学习，也无法掌握正确的学习方法，无法实现教学目标。如进行一堂关于排球运动的教学时，如果学生不主动学习，即使教师再怎么讲解，所讲授的技能也不能被学生所掌握。反之，如果教师不讲解排球运动的相关知识和技能，那么这些知识和技能就无法传输给学生，对于学生而言，排球运动也就没有任何的意义。由此可见，教学的过程，存在教师的教与学生的学辩证统一的规律。

6. 动作技能形成规律

开展体育教学的根本目的就是为了使得学生认识体育、掌握体育和乐于运用体育，让学生学会和掌握一定的运动技能，任何一种运动技能的习得都要经历从不会到会、从不熟练到熟练的过程，动作技能的形成一般要经历三个阶段，即粗略掌握运动动作的阶段、慢慢熟练、改进和提高的阶段、动作的巩固提高和运用自如的阶段。因为体育课程时间较短，在进行体育教学的过程中，每节课只有 45 分钟，每周所安排的体育课时也较为短暂，所以在日常的教学过程中，不可能对每节课都按照"三段式"的教学理论进行，但是对于一个完整的体育运动而言，任何一种体育运动的教学，都要遵循这三个阶段。如进行体操教学，在前面的教学中，学生能够在教师的指导下简单地模仿；随着教学的不断推进，学生能够对自己的错误动作加以改正，使运动更加规范化；然后经过不断实践和练习，自己能够完整连贯地进行体操动作，这就是体育教学过程所遵循的动作技能形成的规律。

7. 人体技能适应性规律

在学生刚开始接触某种体育运动项目的时候，体内会产生一系列的变化，机体对这个变化会有一定的适应过程。当人体进行某种运动的时候，身体由于肢体和肌肉群的做功，身体就会承受一定的生理负荷，体内的异化作用就会加强，产生一定的能耗，机体所储备的能量也就会有所下降，这一时期也被称为机体的工作阶段；在运动结束之后，经过一定时间的休息和调整，体内原本被消耗的能量也将逐渐恢复到之前的水平，通过休息和调整，原消耗的能量会恢复平衡，这一阶段称为恢复阶段；然后经过合理的休息，机能平衡之后的能源补充，体能将超过运动前的水平，这一阶段为称为超能量恢复阶段。根据人体的这一规律，教师在教学的过程中，必须合理地安排体育课的间隔时间。

8. 人体生理技能活动能力变化的规律

在学生进行体育运动的过程中，机体功能活动能力的变化与人体有关器官系统的功能是密切相关的。当学生反复练习某种体育运动项目的时候，身体技能活动的能力就会产生一定的变化，并且这一变化过程呈现出一定的规律性：当机体开始运动的时候，受到人体惰性的影响，人体各器官系统的活动能力从相对平稳的状态逐渐上升，在运动的很长一段时间内，人体的活动能力都在最高的水平，但是这种状态持续一段时间之后，机体就会感觉到疲劳，活动能力也会逐渐下降。经过合理的休息之后，身体机能会恢复到相对安静的水平。由于每个个体的体质和生理特点存在着差异性，学生肌体活动能力恢复所需要的时间、最佳状态的保持时间都会有所不同。如青少年儿童的活动能力较青壮年而言，活动能力上升的时间短而快，最佳水平持续的阶段较短，承受极具变化的负荷能力较低。因此在进行体育教学的时候，要根据人的身体机能活动能力变化的规律指导教学活动。

三、体育运动过程中的层次及特点

为了帮助体育教学工作者了解"何为体育教学？体育教学的概念是什么？"这一

问题，帮助其进一步掌握教学特点，促进体育教学不断完善、体育教学效果不断提高。笔者认为，我国很多体育教学工作者应该对体育教学过程进一步分解，这样才能够更加清楚体育教学各个层次以及这些层次所具有的特点。笔者根据体育教学的实际情况，根据资料分析认为体育教学过程可分为：超学段、学段、学年、学期、单元和课时等体育教学过程。根据多年对体育教学实践的理解和认识，以及多年教学经验的积累，笔者对体育教学的层次及其特点介绍如下。

（一）超学段体育教学过程及其特点

超学段的体育教学过程，包括小学、中学、高中、大学四个学段的教学。在这四个学段的过程中，学生所接受的体育学科知识和技能都是国家规定的教学内容，具有普遍性和强制性。经过多方面参考文献和多年工作经验分析，笔者认为，超学段体育教学具有如下几个方面的特点。

1. 国家规定性

通过前面的文字叙述，我们已经知道超学段体育教学是贯穿于学生整个学校生涯的教学，是国家对学校教育的基本要求，因此，在这一教学过程中，无论是教学的内容还是教学的方法和设备等，都是受国家教育方针的总要求、教育意志、社会、经济、政治等各种社会性因素的发展状况决定和影响的。目前，根据世界各国对体育教学的要求来看，由国家安排的超学段体育教学过程可长可短，如九年义务教育、十二年义务教育和十六年义务教育。因此，国家规定性是超学段体育教学过程的根本特点。

2. 多模式性

超学段体育教学过程所包含的时间较长，由多个学段过程共同组成，而不同学段的教学过程又受各学段教育性质影响，长短不一；加之各地区气候、地理和文化的差异，造成了超学段的教学过程各不相同，其目标的表述、教学的方式以及教学的内容呈现多种模块。

3. 非全体性

超学段体育教学过程包含基础、中等和高等三个阶段的教育，由于受到地域特点和环境的影响，并不是所有的学生都能享受到上述三个阶段的体育教学过程。因此超学段体育教学过程同时具有非全体性的特点。

（二）学段体育教学过程及其特点

学段体育教学过程是组成超学段教学过程的元素，依照我国教学模式，可以划分为大学、高中、初中和小学这几个阶段，每个阶段是一个学段教学过程。按目前《体育与健康课程的标准》《课程方案》《学段教学计划》可知，学段体育教学过程具有如下特点。

1. 发展的阶段性

学生身心发展的规律是学段体育教学划分的主要依据。如：初中生处于青春发育时期，身体和心理发育较迅速，前后变化大，内部机能处于健全阶段，性发育逐步成熟。在这一时期，学生的心理变化趋势和幅度比较大，波动性较强，感知和观察能力、记忆力和应变力、各项思维能力都有明显提高。所以初中阶段的教学内容较注重学生的体质的增强和对学生社会性能力的培养，这是根据初中生这一阶段身体和心理的发展特点而制定的，这就是发展的阶段性。

2. 相互衔接性

学段体育教学过程是超学段过程的进一步细化，也是对教学内容进行进一步的细分，从性质上而言，学段体育教学过程是把超学段的相对多样的、宏观性的体育教学目标按照学生的身体发展的特点，进行合理的分解，按照学生身心发展的阶段性和特点，分配于几个相互连续和相互衔接的学段之中，并按照知识和教学目标之间的串联性，将其进行排列起来。由此可见，学段体育教学过程具有相互衔接性。

（三）学年体育教学过程及其特点

学年体育教学是结合学段体育教学的要求和目的，根据具体的教学情况以及学生的身心发展特点，依照体育教学标准和要求，把该学段的教学任务、内容等分配到各个学年，使其能够相互连接，并且付诸实施。学年体育教学过程一般由体育部门来把控，是学段体育的重要组成成分，是以学年教学计划为标准进行划分的。笔者现将学年体育教学过程特点总结如下。

1. 系统性

学年体育教学目标和任务即根据学段体育教学目标和任务进行合理的分配，学年体育教学目标虽然是学段体育教学目标的主要组成元素，但是学段教学目标的分解、教学内容的安排，教学过程中课时的分配、在学段之中各学年教学任务和教学目标的分配衔接都是学年教学过程中需要解决的重要问题。再加上学段体育教学的知识和内容具有连贯性和系统性，因此，学年体育教学过程不仅要注重学段中各学年体育教学过程的关系，还要注重各个学期之间的教学知识和内容的过渡，更要注重本学年体育教学知识和技能之间的先后顺序性。由此可见，系统性是学年体育教学过程的特点之一。

2. 周期性

根据知识的遗忘规律可知，每一种知识的习得和消退都具有一定的规律性，为了保证学生进行体育学习的效果，对学年体育教学过程的计划和安排要充分地考虑到体育教学内容的周期性。除此之外，还需要考虑的是，在本学年的每一个学期或星期内，安排什么样的教学内容，每个教学周期安排哪些方面的教学、每个教学内容出现几次、相同的知识点的出现时间间隔以及教学内容之间的关系等，这些都是学年体育教学过

3. 承启性

学年体育教学内容之间有很强的关联性，通常表现为承上启下的关系，学年体育教学过程作为学期、学段和超学段三种体育教学过程的衔接点，既是学段过程的体现，又是学期过程的参考以及指导，以及是学期过程向学段过程的过渡。从学年体育教学的过程以及所教的内容在学校体育教学中的作用，可将学年过程看作学段和超学段过程的具体化表现，学年体育教学过程教学实施的好坏和教学效果，直接影响着体育教学的质量。

（四）学期体育教学过程及其特点

学期体育教学过程是学校参考教师、地区环境、文化特色以及学生等因素，将学年体育教学过程分成上下两个学段。这一教学过程是学校教师以及当地体育教学科研工作室进行研究和掌控的，是学校体育教研组和当地教育研究室，根据教学目的和国家要求，安排的"学期教学计划"。其主要特点表现为以下几个方面。

1. 季节性

学期体育教学过程设计，主要是根据季节的变化和独特的气候特点，把教学计划中本学年的教学目标按照教学内容的特点和国家的教学方针，将其合理地分配到各学期教学计划之中，使得体育教学符合当地气候和季节的特点。如在夏季的时候，一些气候较为炎热的地区常常开展一些类似于游泳、短跑、跳远、投掷铅球等运动，在冬季的时候常常开展一些类似于滑冰、长跑以及一些室内的活动。这样不仅能够保证各项体育运动项目的科学性和对人体发育的有效性，还能有利于学生的身心的健康发展。由此可见，学期体育教学具有季节性的特点。

2. 集散性

学期体育教学是学年体育教学的下位，当学年的体育教学内容和教学目标确定之后，就要根据学生的素质与教材之间的关系、教学任务实施的难易程度、气候的变化等各种教学过程的相关问题，合理地安排到学期教学过程中去。但是在教学内容安排过程中，每个教学内容的特点不尽相同，这就需要体育教师和相关研究者根据教学内容特点进行集中以及分散的排列。如有的教学内容需要集中起来进行安排，有的教学内容需要在两个学期中进行间接性的安排等。因此，学期体育教学内容具有集散性特点。

（五）单元体育教学过程及其特点

单元体育教学过程是指教师按照学期过程中的教学方案、目标、内容以及任务，按照教学的学理性，将学期任务分成一些单元任务加以安排，并根据单元之间的时间顺序性和教学内容的上下连贯性，进行教学课时的分配和实施。单元作为体育教学过程的基本成分，由各个课时共同组成，其在整个教学过程中具有重要作用，它是体育教师实施教学过程的计划。根据对单元体育教学过程的分析，笔者得出单元体育教学过程有如下几个方面的特点。

1. 规模的变化性

单元体育教学过程的根本划分单位是教学内容，根据教学内容的难易程度不同可知，教学单元的长短有所区别，而其长短大小又决定了教学的质量以及内容，同时又受到教学目标、难易程度、学生具有的知识水平、学校的教学条件和教师的教学水平等条件的影响。如类似于跳远、跳高等一些对技术性要求不太严格的教学内容，所需要的单元小一些；类似于篮球、足球、排球等一些对技术性要求较为严格的运动所需要的单元大一些。由此可见，单元体育教学过程具有规模的变化性这一特点。

2. 学理性

单元体育教学过程除具有规模的变化性这一特点外，还具有很强的学理性。因为在进行单元教学课程的安排和设计时，要根据学生学习原理，突出教学目标和教学任务的要求。甚至同一教学目标可设计出不同的教学单元结构。如：篮球教学，该类教学项目，可以在教学的过程中先分解，然后过渡到整体教学，后者是对前者的综合，并且较注重技术实践性，这就避免了学生"无法学以致用"现象的出现，能让学生更好地掌握篮球运动的技能，促进教学效果的提高。

（六）学时体育教学过程及其特点

学时体育教学过程的掌控者是教师，在这一教学过程中，根据单元体育教学过程对每一课时的教学进行教学内容安排并组织实施。从体育教学本身的意义来看，学时体育教学是体育教学的基础，也是体育教学过程的最小组成单位。但是由于学时体育教学过程的实践性较强，是较为关键的一种教学过程。根据对学时体育教学过程的分析和研究，笔者提出学时体育教学过程有如下几个方面的特点。

1. 结构性

在教学过程中，不论是体育教学，还是其他文化课的教学，其教学过程都有一定的结构性，因为学时体育教学过程是教学的主要实践环节，这个教学环节遵循着课堂的教学规律，由于实践性较强，同时还遵循着体育教学内容的规律和学生的身体机能活动的规律、遵循学生对事物认知的规律。所以，在进行学时体育教学的过程中，教师的教学有一定的结构、层次和逻辑性。如：在进行任何一种知识和技能教学的时候，都遵循体育教学所应遵守的"三段式"教学结构，即按照开始、基本和结束三个步骤展开和实施。

2. 行为性

学时体育教学与其他体育教学最基本的差别是学时体育教学最具有实践性和行为

性，无论是单元、学期、学年、学段还是超学段的体育教学过程都是一种宏观的概念，需要在课时教学的基础上完成。由此可见，学时体育教学过程是一种教学实践的过程，无论是从学生还是教师的角度看，它都是一种真切存在的行为过程，而不是行为表现。因此，行为性是学时体育教学过程的特点之一。

3. 方法性

前面我们已经提到学时体育教学过程具有行为性的特点，因此在这一教学活动中十分注重教学过程中方法的选择和应用。这是保证教学实践顺利进行、教学目标顺利完成的基础。这里所指的教学过程的方法性，主要是指教法、学法、课堂组织和管理的方法，是指导体育教学实践的基础，是体育教学过程顺利完成的保障，也是体育教学过程的核心。

第三节 体育教学系统

体育教学是一项系统性的工程，在这项贯穿学校教育的工程中，体育教学的组织和发展遵循系统论的观点和规律，无论教学如何改革，社会经济政治形势如何变化，体育教学目标和要求如何改变和完善，体育教学都是按照一定的系统和程序进行。研究体育教学的系统能够帮助更多的体育教学工作者认识体育教学的过程，从而更好地优化和完善体育教学，不断地提高教学的质量。

通过前面几章关于体育教学的叙述，我们已经详细地了解到体育教学在学校教育中的重要作用，也清楚地了解到体育教学的特点，无论体育教学涉及的各个因素如何变换，体育教学始终保持着其特定的系统性，这就是体育教学的本质属性。

一、体育教学系统的含义

所谓的系统，实际上就是指有着一定的相互联系，并与环境发生关系的各组成成分的总体。因为体育教学本身就是一个教学工作的整体，各个要素共同构成体育教学的环境，所以体育教学系统也是一个复杂的体系。根据系统的定义和对体育教学的了解，笔者认为，体育教学系统是指与体育教学相关因素相互作用的，并且具有特殊职业性的体育教师、学生、体育课程实施条件等若干要素的有机复合体。

二、体育教学系统的要素分析

通过前面对体育教学系统的定义，我们已经清楚地了解到所谓的体育教学系统，实际上就是组成体育教学各个要素之间的相互作用。为了帮助更多的体育教学工作者认清体育教学系统的概念，笔者在本节中将对体育教学系统的各个要素进行剖析，以帮助更多的教育工作者认识体育教学，从而更好地为体育教学服务。

（一）体育教学环境要素

人类的一切社会活动都是在特定的时间和特定的空间内完成的，并且在此过程中会伴随着某种相关物质和信息的交换，体育教学作为人类教育活动和学校教育的重要组成部分，不能背离教学并不能脱离教学所在的背景——体育教学环境而孤立存在。体育教学环境具有多层次性，这个层次范围较广，有社会经济层次、有学校教育层次、有个人层次等。这种层次性的包含范围较为广泛，上到在一定社会经济和政治条件下人们所产生的关于体育教学的意识、教育行为方式以及在进行体育教学过程中所提供的精神和物质方面的条件，下到体育教学教具、教学设备设施和体育教学氛围等。体育教学环境要素对体育教学系统内其他要素的影响无处不在。由此可见，体育教学环境要素充分体现了体育教学过程中"在何处进行教学"的问题。

（二）体育教学系统静态结构要素分析

体育教学活动最主要的特征就是，学生是在教师的引导下，通过一定的体育教学方法进行体育教学知识和技能学习的。由于体育教学具有这一特殊性，因此，学生、教师和教学内容通常被认为是体育教学系统中的静态结构的主要组成因素。在这一教学系统中，学生是教学的主体，如何促进学生相关知识和技能的提高、促进学生身心健康的发展是体育教学的根本目的。教师是教学过程的主导者、设计者和监督者，负责引导学生科学地进行体育教学知识和技能的学习。教学内容是由体育这一学科中相关的知识和技能组成的，同时也包含着体育教学活动的任务和要求，是教学实施的基础和保障，是实现教学目标的依据。由此可见，体育教学系统静态结构要素解释了体育教学活动中"谁来进行"的问题。

（三）体育教学系统运动要素分析

整体性是教学系统的一大特征，整体性要求系统的整体功能不是单个静态结构要素功能的简单综合，而是通过体育教学各静态要素之间的相互连接和相互作用，表现出不同于孤立性的要素所具有的新功能。在体育教学系统中，把决定静态结构要素和互相连接于相互作用方式的要素称为运行要素。因为从体育教学活动的本质上而言，体育教学活动是学校教育的有机组成部分，身处学校教学目标的大环境之中，必须要承担的教学任务。如在教学目标中，促进学生身心健康发展的教学目标，就需要通过体育教学来完成，这也是体育教学活动存在的意义，也是体育教学目标产生的根本所在，使得体育教学活动有了明确的目标性和指向性。但是作为体育教学系统而言，体育教学中的运动技能之间会相互促进，如学习了立定跳远之后，就会对助跑跳远产生一定的积极性作用；学习了篮球，就会对手球产生一定的促进作用；学习了羽毛球的扣杀技巧，就能以同种运动的原理进行标枪的投掷；学习跳高之后，再进行撑竿跳就比较容易。以上所举例的前一种体育运动技能的学习会对后一种运动的技能的学习起到一定的推动作用。由此可见，在教学的过程中，体育教学系统中，各种运动要素之间是相互促进的关系。

（四）教学系统中迁徙规律与项群理论的有机结合

教学系统中运动技能的迁徙理论与项群的理论在某些方面能够有机的结合，这样就能够为体育教学提供一个可供参考的平台。在对体育教学系统的研究中，探讨若干个项目之间的规律，并形成一个相对稳定的项群，在这一项群中挖掘教学系统中迁徙规律的最大效果，能够有效提高体育教学的质量。在今后的体育知识和技能的学习过程中，如果掌握了某种技能性动作的动作要领，就能够举一反三的将其应用到"项群"的教学内容之中，学生就能依靠它快速地掌握新的技能，或者把该项群中的相关动作要领和技巧应用到其他相关运动的技能学习之中。少数的几个动作概念和原理就能促进很多新技能的获得，充分体现教学系统中理论在教学活动之中的应用价值，如在学习乒乓球、网球、羽毛球的发球技术的时候，三种运动之间的发球技术存在着一定的相通性，当学习到三者其一的发球技能的时候，就会触类旁通地掌握其他两种球类运动的发球技术，形成技术的迁徙，从而提高教学质量。

三、体育教学系统结构分析

要想更清楚地认识到体育教学系统的概念，除了掌握体育教学系统的含义和相关因素之间的联系之外，还要清楚体育教学系统结构，只有这样才能清楚地掌握体育教学系统，才能更好地进行体育教学。

（一）体育教学系统各相关要素连接方式的分析

根据上述对体育教学系统中各要素的分析可知根据前文对各要素的分析得出，体育教学环境将体育教学活动限定在特定的实践和空间的领域之内。体育教学活动主要工作是在教师的引导下，根据学生的认知发展的规律和教学内容的特点，选择科学有效的体育教学方法进行教学。在这一教学活动中，教师从学生的特点出发，科学地选取教学方法，引导学生进行学习。而具体的体育教学活动受到体育教学目标的指导指引，在教学的实施过程中，体育教学的效果和教学目标之间的比较则是通过体育教学评价来完成。

（二）体育教学系统中各要素的作用方式的分析

根据体育教学系统中各相关要素之间的连接方式，对体育教学系统各要素中间的相互作用的方式做如下分析。

（1）体育教学环境是体育教学的背景，是体育教学各项活动正常开展的基础。在体育教学系统中，各教学要素与体育教学环境要素的匹配程度从根本上决定了体育教学的效果与效率，同时也是体育教学"校本化"研究的意义所在。好的教学环境，能够保证教学活动的顺利开展，促进学生个人的发展，促进教学目标的实现。一个好的体育教学环境，能够成为一种潜在的体育教学资源，促进体育教学效果的实现，同时体育教学活动所创造的部分成果也可能转化为体育教学环境，从而作用于体育教学。

（2）体育教学目标、体育教学内容、体育教学评价三要素之间的连接性。教学目标是教学活动的起点和终点，也是一切体育教学活动的指导者，不仅是体育教学内容的选择依据，同时也是体育教学评价的参考标准。体育教学目标自身的确立和发展在受教育总目标影响的同时，还要根据教学评价的反馈做出，以便能够更好地受整体教育目标的限制，体育教育目标的确定和发展需要围绕整体教育目标，同时根据教学评价的反馈情况进行适当的调整，这样才能更好地促进体育教学目标的实现。

（3）体育教学内容是教师和学生之间联系的纽带，体育教师在进行教学活动时为完成体育教学目标所选择的体育知识和相关技能体系。因此，体育教学目标、学生的学习能力、学生的接受能力、教师的教学水平等相关要素，共同决定了体育教学内容的选择方向和应该选择的范围。

（4）体育教学方法是将体育教学系统中静态结构的三要素连接的根本途径，体育教学方法是实现体育教学目标、完成相关知识和技能传递的根本载体，是帮助学生提高自身素养的有效方式，获得体育教学中相关的知识和技能，是规范体育教师教学行为的合理的首要选择。

因此，在这一教学过程中，体育教学方法的选择必须根据学生的学习特点、教师两者的教学特点以及教学活动中所包含的知识、技能的特点进行选择合适的体育教学方法，以此确保教学体育教学目标得以顺利实现。

（5）体育教师应当以教学内容为载体，在教学过程中，通过双向连接的方式，将体育教学的内容和学生要素相互连接，进行双向连接，充分发挥体育教师的主导作用。因此，在体育教学过程中，体育教师主导作用的充分发挥可以理解为以下三个方面。

①"懂内容"，教师在进行教学的过程中，必须能够熟练地掌握体育教学内容中包含的体育知识和技能，精通知识和技能之间的内在联系，这是教师进行体育教学的前提条件；

②"懂学生"，所谓的懂学生是指教师在进行教学的时候，要对所教学的对象进行了解，清楚他们身体发展的特点、认知水平、身体状况、对知识和技能的掌握水平等等，这样便于教师采取合理的教学方法，便于教学过程的实施；

③"懂方法"，是指能够根据学生和体育相关知识技能，选择正确的、科学的、有效的教学方法，促进教学目标的完成。

（6）学生在教师科学地引导下，充分地发挥其主体作用，掌握教师所教授的体育教学内容中所包含的体育教学知识和技能。因此，在体育教学这一系统中对学生进行教学的时候应该注意以下几个方面的问题。

1）根据学生的体质和体能，选择适合他们的体育教学项目进行学习。这样能够保证体育教学内容符合自身的学习特点，有利于学生对教学知识和技能的掌握。

2）根据学生的学习特点，选择适合其身心发展特点的教学方法进行学习。因为每一位学生的体能特点和对知识和技能的接受能力有着明显的区别，因此在教学的过程中要坚持因材施教的原则，根据学生的特点选择合适的教学方法。

3）在引导学生进行体育知识和技能学习的过程中，不能采取传统教学习惯中灌输式教学，而是根据学生的发展特点，选择能够激发学生学习主动性和学习兴趣的教学方法，使学生能够主动地参与到体育学习过程中。

（7）体育教学评价要素与体育教学目标以及教学活动相连接，体育教学评价反映的是体育教学目标在教学过程中的实现程度，是体育教学实际所达成的教学效果与教学目标之间的比较。合理的体育教学目标是有效进行体育教学评价的前提。与此同时，为了充分发挥体育教学评价在教学过程中的重要作用，应该制定合理的教学评价系统，保证体育教学评价具有科学性和反馈性。因此可以看出，体育教学评价是检测体育教学效果、保证体育教学效果不断向教学目标靠拢的重要途径。

笔者希望通过本节对体育教学系统及其相关要素结构的分析和研究，能够使更多的体育教育工作者清楚体育教学系统性以及其相关要素的构成，了解体育教学各知识之间的连接方式以及作用。同时也使他们认识到要提高体育教学的效率，既要从优化和完善教学各要素之间的关系入手，还要从优化课堂结构入手，如此才能使得体育教学取得事半功倍的效果。

第四节 体育教学管理

一、体育教学管理概述

随着体育教学改革的不断深入，体育教学在学校教育中的地位不断加强，但是受到传统教学观念的影响，无论是体育教学的理论、思想、教学手段等，都与现今体育教学要求存在着明显的差异。如：从事体育教学的教师专业性不强，在教学过程中的内容过于重复，教学期间的各种教学信息反馈不及时等问题。这些都是当今体育教学管理中容易出现的问题。新的体育教学理论和教学目标要求对体育教学工作的实施和管理要体现现代化和科学化。体育教学管理者必须加强对管理工作的认识，认真领会和掌握教学过程中的管理手段和办法，不断地发掘体育教学管理的新途径。在本节中，作者首先介绍体育教学管理的概念，然后介绍当今时代的体育教学管理存在的缺陷，最后突出体育教学管理的重要性。

（一）体育教学管理的概念

所谓的体育教学管理实际上就是对体育教学过程中所发生的各种因素和行为的管理，这是保证课堂能否正常进行的关键。如果教师忽略对体育课堂的管理，不仅会使得各种体育教学行为无法按照规定的方向进行，更无法促进教学效果的完成。因为体育教学与其他学科教学最大的区别是，体育教学发生在一个相对自由的空间，学生活动和交流的自由度较大。如：在组织学生对于跳远的训练和相关技巧的讨论时，教师不纠正学生的跳远动作，就无法促进学生技能的提高，不对学生的讨论范围进行限制，就会导致讨论话题的混乱，不利于实际问题的解决；如果在进行教学过程中，不注重培养学生的主体意识，就无法发挥学生的主观能动性，无法促进教学效果的实现。这就是教学管理的概念和含义。

（二）目前体育教学管理的状况

体育教学是学校教学过程中不可缺少的有机组成部分，良好的体育教学能够有效地增强学生的身心健康，促进学生综合素质的提高。由此可见，在教学的过程中，对教学的管理十分重要。但是根据笔者对当前我国体育教学管理的现状的分析了解到，我国当前的体育教学管理情况不容乐观，主要表现在以下几个方面。

1. 管理人员队伍缺乏

管理人员是体育教学管理中不可缺少的元素，也是保证体育教学管理能够正常进行的重要因素，对体育教学管理的效果具有重要意义。但是相关调查显示，只有56%的学校有专业的体育教学管理人员，从抽查的10所具有体育教学管理人员的学校中调查可知，有50%的管理人员是体育教师，30%的管理人员是学校体育教研组的领导，有20%的是学校的领导。因为体育教学过程中涉及的不确定因素较多，本身就存在一定的风险性，因此在进行教学的时候，必须有非常完善的体育教学管理队伍，对学校的体育教学进行监督和管理。但是调查显示，部分学校不具有体育教学管理人员，不利于体育教学活动的开展，即使有些学校有体育教学管理人员，但是在管理人员对体育教学的管理过程中缺乏学生的参与和对体育教学信息的反馈，不利于教学行为的改善和教学质量的提高。

2. 教学管理制度不明确

规章制度是体育教学管理人员进行教学管理的准则和参考，是体育教学管理工作展开的保障，同时对体育教学中的各种管理行为起到约束作用。因此，为了规范对学校体育教学的管理，各学校要根据本学校的情况、学生的特点和教学的条件等建立教学管理规章制度。但是在调查中发现，尽管很多学校开展了体育教学管理工作，但是在体育教学管理的规章制度上存在着不足，很多学校甚至没有建立体育教学管控力的规章制度，造成体育教学管理工作存在责任不明、管理不到位的尴尬局面，严重影响了体育教学管理作用的发挥。虽然有些学校建立了体育教学管理的规章制度，但是规章制度的完善程度和健全程度不够，没有对规章制度进行深化和细化，同样不利于体育教学管理工作的正常进行。

3. 教学管理的内容详略不得当

体育教学管理作为教学过程中的一项重点工作，其内容应是非常丰富的，但是它与体育教材的内容有着明显的区别。笔者在对实施体育教学管理的学校进行其管理内容的调查时发现，有许多学校将体育教学内容列入体育教学管理之中，但是只有少数学校将安全监督的内容列入体育教学管理中去。通过前面的文字叙述可知，体育教学是一个风险性极高的教学板块，在这一教学过程中，很可能出现安全隐患，但是极少数的学校将安全监督和管理列为教学管理的内容，而是更加侧重对学生成绩的管理。这样的管理内容和管理方式是非常片面的，也是非常不利于教学实施的，必须加以改正。

4. 教学管理未受到领导重视

领导是体育教学管理中的重要决策力量，凭借其本身所具有的权威性，更能够促进教学管理工作的开展。通过对各学校体育教学管理工作的调查可知，仅有 16.67% 的学校领导重视并投身到体育教学管理工作中。由于领导对体育教学管理工作的轻视，导致学校体育教学管理工作松懈，使其徒有形式。虽然有些学校的领导认为体育教学管理在学校体育教育中具有重要的地位，但是对体育教学管理的重视程度不够，不能保证体育相关管理人员、物资和设备的投入，不利于体育教学管理实务的开展，更无法促进体育教学管理工作更好地落实。

5. 教学管理的环境不理想

教学本身就是一个不断运动的过程，因此在进行教学管理的时候，要保证管理行为的及时性，主要包括两个方面：第一，及时发现体育教学工作中的问题；第二，及时对教学中发现的问题进行纠正。目前，很多学校的体育教学管理效果令人不太满意，不能为体育教学活动的开展提供足够的保证，通过对这一现象进行深入的了解，笔者发现，除了上述几种情况之外，学校的体育教学管理环境和风气也存在很大的不足。甚至有些学校对体育教学管理的开展只存在于形式，由于没有某种相关管理制度的限制，体育教学管理人员参与体育教学管理工作的兴趣较低，积极性不高，管理人员之间的配合不具有默契性，造成体育教学管理效果不理想。

（三）体育教学管理的重要性

随着体育教育的改革不断深化，体育教育中的思想、理论、教学方法、教学内容等诸多因素暴露出体育教学的不足。因此，学校要严格地对体育教学进行管理和监督，增强对体育教学管理工作的认识，认真领会和掌握科学的体育教学管理办法和手段。首先体育教学工作者和教学管理者要认清体育教学管理工作的重要性，不断提高教师和管理者的管理意识以及水平，促进教学质量的提高。

1. 是教学工作的指导思想

中华人民共和国成立初期，毛泽东主席就指出体育教学在学校教育中的重要作用，他指出："发展体育运动，增强人民体质"，可见体育教学是增强国家综合国力的表现。在体育教学过程中，只有明确体育教学管理的方向和目标，在实际教学工作中，才能按照这一方向进行教学的实施，才能帮助学生树立科学的人生观、价值观和世界观。因此，为了体育教学效果的早日实现，我国迫切需要一套完善的体育教学管理制度，为体育教学指明前进的方向，实现教学的现代性和科学性。

2. 保证了教学过程的规范性

体育教学管理工作既要符合学校教学管理工作的总要求，又要具有实际的可操作性。因此在这一要求下，体育教学过程既要体现出"以人为本"的教学思路，又要按照体育教学管理者的要求，正确选择教学目标、方法和内容，保证教学内容的先进性和教学方法的科学性，不断规范教师和学生在教学过程中各种行为，促进教学活动的进行和教学效果的实现。

（四）对学校体育教学管理的对策的分析

如何提高学校体育教学的效率？如何更好地实现体育教学的效果？如何通过体育教学增强学生的体质和综合素质？这些是体育教学开展的目标和意义，是学校教育的总目标。为了帮助更多的学校认识和纠正体育教学管理中存在的不足，笔者特意对体育教学管理对策进行了分析，具体内容如下。

1. 加强重视程度，提高投入力度

通过研究发现，在体育教学管理过程中领导对体育教学管理工作重视程度不够是目前体育教学管理中普遍存在的问题，这对于体育教学活动的开展是非常不利的。笔者认为，提高学校领导对体育教学管理的重视，是体育教学管理工作开展的必要途径。因为领导的重视，能够提高相关事务的权威性，只有领导对体育教学管理足够重视，才能引起教师和管理者对管理工作的高度重视，才能保证教学管理工作的落实。如：对体育教学中教师行为的管理，要求所有的体育教师在进行教学的时候，必须采取校内和校外教学相结合的教学方式。但是如果领导对这一规定置之不理，甚至对违反该规定的教师不闻不问，那么无论是体育教学管理者还是教师，都会认为体育教学管理的相关条例徒有其名，不利于管理工作的开展。

因此在教学的过程中，要积极提高领导对体育教学管理工作的重视，通过各种措施引起领导对体育教学工作复杂性、重要性的认识，意识到教学管理在教学工作中的价值，从而加大学校教学管理工作的投入力度，保证教学管理工作的高效落实。

2. 完善队伍建设，健全规章制度

教学管理工作并不是某一个人的工作，而是一个集体性的工作，并且体育教学涉及的方面较多，较为复杂，在进行教学管理的时候还应该健全各种管理相关的规章制度，不断地保证管理的规范化，提高管理人员的能动性，充分发挥管理过程中相关因素的职能。如：在对教学过程中的安全性进行管理时，由于教学过程中有多种不确定因素，因此在进行安全风险的排查和相关规章制度的制定时，需要教学管理团队进行调查、实践、分析、研究，最终制定出符合体育教学实际的具有可操作性的规章制度。由此可见，教学管理工作的开展和落实需要一个管理团队的努力，需要科学的规章制度的约束。

在教学的过程中，要不断提高体育教学管理工作中人员的配置，使其符合教学管理科工作的需要，同时还要不断地对管理工作人员的业务能力和相关管理技巧进行培养，提高管理人员的综合素质，为体育教学管理工作的开展提供人力保障。除此之外，还要加强规章制度的建设和完善，对教学管理工作的责任、义务和相关管理的内容进行明显界定，对教师和学生的教学活动中的诸多事宜进行限制，以便相关管理工作科学有效地开展。

3. 调整管理内容，评价管理效果

体育教学涉及的内容较多，较为复杂，不确定因素较多，风险性较大，因此，在开展教学管理工作之前，应该根据教学的实际情况和教学方针，制定清晰的教学管理内容。对于体育教学管理工作而言，教学内容是教学管理工作的主要依据，也是教学管理科学性和有效性的保障。再加上体育教学内容和教学设备是随着社会的需求和人们文化水平的发展而不断变化的。如我国科技水平的不断提高，体育教学器材也在不断地完善和改进，如一些体育学校为了丰富体育教学项目、提高学生的体育知识，保证学生技能的全面发展，引进了吊环、蹦床等体育器材，对学生的臂力等各平衡能力进行培养，或者一些学校为了丰富学生的教学体系，开展了游泳课程的教学，这些教学器材和教学场地的开发，虽然在一定程度上丰富了教学内容，同时也为学校的教学管理工作增加了管理的项目，教学管理小组应该根据教学活动中存在的安全隐患和应注意事项，合理增加体育教学管理的内容。

评价教学管理效果能够促进教学管理工作的不断完善，是一种较为科学的教学管理工作。由于体育教学较为复杂，因此相较于其他学科的管理工作而言，体育教学的管理工作也较为复杂，为了保证其教学管理效果的最优化，需要不断地进行教学管理效果的评价和反馈，使教学管理工作人员能够根据这一反馈不断地调整教学管理内容、制度和方向，使其更加具有规范性和科学性，不断提高教学管理效果。

体育教学管理工作是学校日常管理工作的一部分,是保证体育教学效果的前提和依据,应该给予其足够的重视,并且制定各种规章制度保证其良好的开展。这是在当今时代的发展下,对体育教学的总要求,也是时代对学校教育的总要求,更应该引起学校领导、体育教学工作者和研究者的重视,保证体育教学工作更加有效地开展,促进教学效果的提高。

二、体育教学管理的基本方面

众所周知,实现我国体育教学目的和任务的途径是体育教学、体育锻炼、运动训练和运动竞赛,其中的体育教学是学校体育工作的中心,在这一过程中,体育课堂教学的质量如何,学生的身体素质和体育相关技能水平的高低,是检验一个学校体育教学水平的主要依据。体育教学管理又是调节体育课堂教学质量的关键,由此可见,在体育教学中管理工作也就显得尤为重要,本节笔者着重从体育教学管理方面进行探讨,帮助体育教学管理者和工作者认清体育教学管理的方向。

从学校体育教学的角度而言,体育教学管理是学校体育教学管理系统的中心环节,是学校体育教育和体育教师进行教学的依据和方针,能够使教学工作者端正教学的态度,认清教学的规律,从而使教学工作者能够充分地行使其教育权,管理者能够充分地行使其管理职能,能够在教学管理的过程中,运用科学的管理手段,对体育教学诸多方面进行合理的掌控,保证体育教学正常的进行。根据体育教学的特点和教学的内容可知,可以将体育教学的管理分为计划管理、过程管理、质量管理、方法管理和评价管理等诸多方面。

(一)体育教学工作的计划管理

学校的体育教学工作计划管理分为对教学计划制订的管理和实施的管理两个环节,体育教学计划的制定是根据体育教学计划的具体标准和课程标准的要求进行的,这样不仅能够保证教学计划的科学性,还能保证教学计划的系统性。在对其进行管理的时候,除了要分析教学计划的科学性和可行性外,还要注意管理教学计划的实施情况以及效果,使计划的实施情况能够及时反馈给制定者,方便其及时发现问题,进行重新修订。

体育教学计划按照时间以及层次进行分类,可以分为单元、学时、学期、学年等层次的体育教学计划。以上各层次教学计划需要根据层次的递进关系进行制定,学年计划需要根据学期,学期计划需要根据学时,学时计划需要根据各单元。体育教学计划的管理也要根据体育教学计划的层次进行,教学工作计划的管理是现代教育的要求,是整个体育教学工作中的重要组成部分,在教学的管理过程中,必须保证每一层次的教学管理计划都要与体育教学的总体目标相吻合。通过对体育课程标准的研究和教学环境的掌握，笔者将体育教学管理的要求总结如下。

1. 学期和学年开始前

为便于体育教学工作计划的管理，体育教学管理团队在学期与学年开始前，各体育教师需要将本学期或本学年的教学计划上交教研组，各老师一起进行讨论，主要测评的方面包括体育教学的计划是否符合课程标准的要求，是否能够与学生的身心发展和认知规律、喧嚣的教学环境和设备等诸多因素相吻合，对不合理的方面进行调整。如：某位教师的学年计划有一项是培养学生的游泳能力，但是学校不具备游泳场地和设备，也没有专业的游泳教练，这一个教学计划是不符合学校教学条件的，应该加以修改。

2. 讨论教学中的因素的干扰

任何一种教学计划都有其特定的对象，对于学校教育而言，不同阶段的学生所需要的体育教学有所不同，如：在拟订初三学生的教学计划时，要按照毕业考试对学生体育考试的内容进行。如：在对学生进行 800 米跑步成绩的测评时，男女学生所规定的跑步时间有所不同。学校体育教学管理小组就应该根据这些影响性因素对教学计划进行修订和调整，以保证教学计划的可行性，降低各种因素对教学计划的影响。

3. 对计划的执行进行管理

为了保证体育教学管理工作科学有序地开展，要求体育教学工作者在进行教学的过程中，严格按照计划进行执行，并且要求任何人都没有改动计划的权限，如果教学的内容和课时数的分配需要改动，必须和教学管理小组进行申请和讨论，经过教学管理小组的研究和同意之后，方可进行教学相关事宜的更改。如：某位教师在学期开始之前已经将教学计划上交，并得到教学管理小组的认可。如果在教学的过程中，学校修建了游泳池，并购置了单杠、双杠等体育教学设备，这个时候，教师就需要重新修改教学目标。在这种环境中就需要再次和体育教学管理小组讨论研究，最终决定是否更改。这是保证教学计划执行性的有利条件。

（二）体育教学过程的管理

体育教学中学生的学习过程和教师的教学过程，是一个双变性的关系，这一过程使体育教师根据教学的计划和教学的大纲指导学生进行身体的练习，从而提高学生对"三基"的掌握，提高学生的学习能力，增强学生的体质，同时培养学生的道德情操和意识。

体育教学过程由四个基本要素构成，它们分别是教学的主导——教师，教学的主体——学生，教学内容和教学方法等，要想保证教学的质量，达到预期效果，则必须确保这四个因素能够相互配合，才能达到预期的效果。

由于体育教学随着社会经济水平、文化水平、生产力发展水平和科学技术水平的变化而变化，因此在进行教学管理的过程中，相关教学管理工作人员应该根据课程标准的规定、社会的需求等因素，对教学过程进行分析和研究，以便及时调整教学管理工作内容，与时俱进地对体育教学进行监督和管理，保证教学效果。

体育教师是体育教学过程中的主导者和组织者，也是教学过程的管理者，体育教师对课堂教学的管理水平同时也决定了体育教学的质量。课时教学是体育教学中具体的实践教学环节，是其他各层次教学的最小组成单位，是体育教学过程中最为重要的环节。再加上体育教学的对象是全体学生，教学的载体是教学内容，教学实施的依据是教学方法，同时学生又具有差异性，因此在教学的过程中，要结合学生的区别进行差异性的管理，并加强学生的动作技能和学习兴趣的管理，激发学生学习的积极性。如教师在进行乒乓球教学的时候，如果在教学的过程中不注重对学生的学习兴趣的管理，只是单纯地为了完成学校分配的教学任务而学习，对学生进行灌输式的教育，不对学生的情感进行管理，就不能让学生充分地体验到乒乓球运动的乐趣，从而导致学生失去对这一运动的兴趣。如果有一些教师注重对学生兴趣的开发，但是在教学的过程中没有科学地选择教学方法，也没有制定课时教学目标，也没有对学生进行小组训练的安排，就会导致课堂教学的混乱，学生学习不到实际的知识和技能，也不利于教学质量的提高。

由此可见，教学过程的监督和管理是学校体育教学中的重要环节，也是体育教学管理的重要组成部分。无论是教学内容还是教学方法、教学目标、学生、教学模式的选择都需要教师给予高度的重视，再加上教学本身就存在着一定的风险性。因此在教学过程中，还要注重对非确定性因素的管理，这样才能保证对体育教学过程管理的完整性，促进教学质量的提高。

（三）体育教学的质量管理

教学的质量是教学管理者在严格遵守各项教学要求和教学规律的前提下，对各种教学职能实施教学管理，以保证教学任务的完成和教学目标的实现的过程。在对教学质量进行管理的过程中，笔者根据课程标准对教学质量的要求认为，首先应该对师生教学质量的意识和观念进行管理，其次是教学质量的确定，最后是对教学工作中教学质量的检查。只有坚持这三个方面进行管理，才能提高教学的质量。根据自己对教学质量管理的经验，并且通过现存有关教学质量管理资料的研究，笔者对以上三个方面的质量管理内容进行详细的说明。

1.对教学质量观念和意识的管理

师生关于教学质量的观念和意识是进行教学质量管理的前提条件，也是更好地促进教学质量管理的依据。因为只有在教师和学生形成对教学质量重要性的认识，才能够促进他们自觉地遵守教学质量，在教学过程中，有意识地养成一些能够提高教学质量的习惯。笔者认为这种教学质量管理的观念和意识应该包含以下几个方面：第一，学生作为教师教学的主体，要能够面向全体学生进行教学质量的管理，因为体育教学的对象是全体的学生；第二，既要重视对教学成绩的管理，又要注重对教学过程中各个环节的教学质量的管理；第三，就是要加强对体育教师的教学质量观关的教育，帮助教师树立高质量的教育观念，并促进其对高质量教育知识和技能的掌握，全面保证体育教学质量管理工作的落实。如：某位体育教师在进行体育教学的时候，受传统教学观念的影响，总是认为体育教学在学校教育中的地位微乎其微，在教学的过程中常常点到为止，课堂上学生的自由度也较大，甚至极少开展课外教学，把体育课堂当成是学生完成其他学科作业的自习课，导致其多带领的班级的体育学科的教学质量较差，无法达到体育教学的目标要求。由此可见，对教学过程中对教师和学生的质量观念和意识的管理尤为重要。

2. 对教学质量管理标准的确定

教学质量管理标准是在进行教学管理工作中的评定标准和依据，在确定教学质量管理标准的时候，应该根据党的教育方针和对体育教学的要求以及学校教育组对某个阶段的教学计划、教学的任务、大纲的要求等进行确定依据国家的教育指导方针以及学校对各阶段教学计划、任务、大纲的要求进行确定。同时教学的质量管理的标准应该从学生的角度出发，以检测学生所掌握的体育知识、技能、技术的掌握情况。同时在标准的确定中注重教学质量测评的全面性，如在测定某一个班级的学生的体质增强的状况的时候，有的学生的体质增强达到了学校规定的标准，但是有的学生的体质却没有达到标准。在进行教学质量效果的检测时，既不能以体质较好的学生作为评判的标准，也不能以体质较弱的学生作为评判的标准，而是对全班的学生进行测评，计算学生体质的达标率和合格率。这样才能更科学地反映在教学的过程中对学生体质增强效果的好坏。教学质量标准是体育教师在进行教学工作的目标，也是检查教学质量的依据，同时是质量管理的基础。因此，对于体育教学而言，建立和研究一套科学的质量管理标准对学校体育教学而言非常必要。

3. 对教学质量的检查

建立教学质量标准的根本目的就是对教学质量进行检查，通过对教学质量的检查，不仅能够准确地掌握教师的教学能力、教师的专业水平，同时还能够对教学活动起到一定的推动作用。当今对体育教学质量进行检查的手段是对学生教学效果的考核，但是这样的教学检查方式并不能全面地反映教学的效果。再加上组成体育教学的因素不仅复杂多样，体育教学过程中还存在着很多的不确定性因素，这些都对体育教学效果的考核造成影响。如：某一学生在平时的体育学习过程中成绩非常优秀，但是此学生的心理承受能力较差，在陌生人面前容易出现紧张感，并且面对于传统的考核时，容易产生畏惧的心理，影响其所学知识和能力的发挥，导致其考核的成绩不能成为反映其本身具有的知识和技能水平。随着人们对体育教学的认识的不断深入，越来越多地对体育教学质量检查的方式呈现在人们的面前。教学比赛、课堂测验、负荷测定和观摩课等，都能成为学校对教学质量检查的方法和手段。由此可见，对教学质量进行检查，是体育教学过程中必不可少的一个环节，它使得体育教学管理具有新的标准。

（四）体育教学管理的方法和评价

体育教学管理方法作为完成体育教学的有效手段以及必要途径，正确地选择体育教学管理的方法，对于顺利地完成体育教学管理任务有着非常重要的推动作用。如：某一学校虽然开展了体育教学，并且成立了专门的体育教学管理小组，但是该小组内的成员都是一些没有体育实践经验的校内领导，在对体育教学进行管理的时候，也没有科学或者规定的规定教学管理方法，最终导致体育教学管理较为混乱，教师和管理小组成员之间的矛盾也在不断地被激化，不仅阻碍了体育教学管理工作的落实，而且影响了学校体育教师对体育教学的积极性，不利于教学质量的提高，也不利于教学目标的顺利实现。

体育教学管理的评价，是根据体育教学的目标、教学原则、教学标准和要求，利用可行的评价技术和手段，对教学管理的行为和管理的效果进行评价，并且对所判断的结果进行反馈和管理，这样就有利于信息的流通和反馈，不断地调节体育教学的管理活动，这样无论是对教师的教学，还是对学生的学习都能起到一定的强化作用。如：在进行教学管理评价的过程中，学生能够对教师的行为进行评价，这样教师能够从学生反映的情况中，提炼中出学生对某一种知识和技能的渴求，并且帮助教师认识到其在教学过程中存在的不足，以便于教师对其行为进行调整。以上归纳的关于体育教学管理的内容是由体育教学的具体任务以及性质所决定的，同时它也体现了国家对体育教学管理工作的实践以及总结。对体育教学质量进行的管理，体现了体育教学在学科教学中的重要意义，并且能够促进体育教学管理和教学技术及手段的不断改革，提升教师的教学水平和教学管理小组的管理水平，更重要的是能够更好地培养与造就一代新人，所以决定了体育教学管理工作和管理队伍标准的高标准和严要求，使得体育教师和教学管理工作者不断地加强自身对体育教学的认识，努力提高自身各方面的素养，保证国家体育教学方针的落实，做好体育教学工作，更好地发展学校教育与体育教学事业。

第四章 高校体育教学渗透心理健康教育

第一节 高校体育教学渗透心理健康教育的含义与作用

一、高校体育教学渗透心理健康教育的含义

高校体育教学渗透心理健康教育，是指高校体育教师在体育教学过程中自觉地、有意识地运用心理学的原理与方法，在授予学生一定的体育知识、运动技能、发展他们智力与创造力同时，维护和增进大学生的心理健康，促使大学生形成健全人格所采取的各种措施。

在体育教学中实施心理健康教育，就是在体育课堂教学中有目的、有计划、有组织地对学生的心理健康施加影响的教育过程。体育教学渗透心理健康教育，要求在体育教学目标的确定、课程的编制、教材内容的取舍、教学方法手段的选择，既要符合社会发展的要求，又要符合大学生发展的年龄特征；既要考虑知识技能的传授，又要考虑到大学生各种心理品质的发展；同时，由于高校体育具有自身的特点，因而，在教学中还要考虑大学生身体素质、生理状况，以及运动技能的掌握情况，合理地安排运动负荷与体育渗透心理健康教育的内容。

二、高校体育教学渗透心理健康教育的意义

（一）拓展了大学心理健康教育的空间

学校心理健康教育的开展需要运用多种方式和途径全面渗透，换句话说，心理健康教育应渗透和融合到整个学校教育的全过程中，利用各种教育活动来对学生进行心理健康教育，既要加强消极的心理卫生教育，即出现心理问题及时疏导，也要重视积极的心理卫生教育，即增强心理免疫能力，提高心理健康水平，使心理健康教育真正落实在实处。高校体育是学校教育的一个重要组成部分，体育教学对学生心理健康的影响，有着不可低估的作用。锻炼愉快感的获得是一种积极的情绪体验，可以加强锻

炼者控制能力或控制感以应付不良的刺激。这种由生理变化而引起的心理变化，沉淀起来便会形成乐观进取，开朗豁达的良好性格。20世纪80年代后期以来，国内外日益增多的研究也显示，体育活动对于人的心理健康具有明显的积极影响。增进大学生心理健康应是大学体育改革实现基本目标之一。通过体育活动促进学生心理健康，既是现代学校体育功能的体现，同时也拓展了大学心理健康教育的空间，使学生有更多的机会接受心理健康教育。

（二）加强了大学心理健康教育的针对性

就大学当前所开展的心理健康教育形式而言，不论是开设心理辅导教育选修课还是进行专题讲座，针对的都是大学生常见的一些心理问题，无法根据不同类型的大学生因材施教，如不同性别、体弱多病、自卑感强的学生等。虽然个别心理咨询能在一定程度上弥补这方面的缺陷，但其性质决定了它的受益面只能是某些问题较大、困扰程度较强，且积极主动接受心理辅导的学生。而通过体育课程进行心理健康教育首先从制度上保证了所有学生都能够接受教育，其覆盖面广，同时在授课形式上，体育课程也有其他课程无法比拟的优势，一般课程往往受空间和时间及教育资源的限制，师生间的心理距离较大，阻碍了师生间的心理交往，不利于心理健康教育，而体育课程特殊的上课形式，独特的师生交往方式，特别的教学内容为教师有意识、有目的地针对不同类型的学生进行心理健康教育提供了便利，加强了心理健康教育的针对性。

（三）丰富了大学生心理健康教育的形式

大学开展心理健康教育的教学形式主要采用理论说教、言语的疏导等，而体育课程变化多样的教学内容为心理健康教育提供了丰富的载体，不管是个人项目还是集体项目、无论是速度项目还是耐力项目、不论是比赛还是游戏活动，都为心理健康教育提供了广阔的空间。它不仅能使学生在各种不同的运动中体会竞争和合作，感悟自我，加深对集体、规则、秩序、策略的理解，而且能让学生在活动中体验成功，在成功中培育自信，在失败中感受挫折，在挫折中磨炼意志，提高其心理承受能力，从而达到提高大学生心理健康水平的教育目标。这种融心理健康教育于学校体育教育过程中的形式更容易为大学生所接受，其教育效果比单纯的说理更加显著。

（四）有利于提高大学生的心理素质

心理素质是主体在心理方面比较稳定的内在特点，包括个人的精神面貌、气质、性格和情绪等心理要素，是其他素质形成和发展的基础。大学生求知和成长，实质上是一种持续不断的心理活动和心理发展过程。教育提供给学生的文化知识，只有通过个体的选择、内化，才能渗透于个体的人格特质中，使其从幼稚走向成熟。这个过程，也是个体的心理素质水平不断提高的过程。大学生综合素质的提高，在很大程度上要受到心理素质的影响。学生各种素质的形成，要以心理素质为中介，创造意识、自主人格、竞争能力、适应能力的形成和发展要以心理素质为先导。在体育教学中渗透心理健康教育，就可以使大学生在复杂多变的社会环境中，保持良好的心理素质，这是大学生抗拒诱惑、承受挫折、实现自我调节的关键。

（五）有利于大学生潜能的充分开发

教育的目的之一就是要开发受教育者的潜能。良好的心理素质和潜能开发是相互促进、互为前提的，合适的教育为二者的协调发展创造必要条件。人本主义心理学家罗杰斯认为教育的目标就是促进学生的发展，使他们成为能够适应变化，知道如何学习的"自由"人。这种人的基本特征是：一是富有创造性；二是具有建设性和信任感；三是具有独立自主性。这种人也就是马斯洛心目中的自我实现者，主要表现为两个方面：一是完满人性的实现，指作为人类共性的潜能的自我实现，二是个人潜能和特性的实现，指作为个体差异的个人潜能的自我实现。如果说情感是人作为种的存在所具有的心理现象，那么有关自我情感的有效判断则是人类的存在所特有的心理品质。人在犯错误后的羞愧感，遭到失败的耻辱感，成功后的自豪感以及对自己的满意感等由自尊而引起的情感体验无疑会成为一种前提性暗示，定着人们的行为取向。通过体育教学培养大学生的健康心理，帮助主体在更高的层次上认识自我，从而实现角色转换，发展对环境的适应能力，最终使大学生的潜能得到充分发展。

三、高校体育教学渗透心理健康教育的作用

体育教学因其教学活动的动态性、身体活动的实践性、人际交往的立体性、心理操作的复杂性、心理体验的复合性等，它在帮助学生改善心理状态，有针对性地纠正心理缺陷，提高心理品质，克服心理障碍等，具有其他教育无法替代的特殊作用，是最容易调控、最现实的心理健康教育工具。

通过体育教学使每一个学生都掌握自身的智力与个性特点，掌握心理健康的基本知识，学会简单的心理调控方法，形成良好的心理健康素质。这些良好的心理健康素质包括：自强不息的人生态度，积极进取的成就动机，勇于冒险的创新精神，高瞻远瞩的预见能力，富有弹性的适应能力，百折不挠的抗挫折能力，强弱适度的情绪反应能力，善于与人相处的交际能力，自我调控的行为能力，健全和谐的人格系统。

（一）对健全学生人格的作用

由于大学生在体育学习中对自己认知、情感、意志、能力、性格等心理上的缺点易于做出比较正确的评价，而为了完成体育学习任务和服从集体利益，大学生必须提高自我教育的自觉性，增强自控能力，从而有利于形成活泼开朗、勇敢果断等良好性格，矫正懒惰散漫、胆怯懦弱等不良性格。日本学者小林晃夫和松田岩男通过研究发现，运动能力发展好的、经常参加体育活动的学生，其心情变化少，自卑感少，情绪稳定，

精力充沛，能与人很好地交往，社会适应能力良好；反之，运动能力差的、较少参加体育活动的学生，缺乏耐力，个性也会出现较多的问题。

（二）对调节情绪、情感的作用

在高校体育教学中，大学生通过身体活动能够体验到社会现实中不能体验到的积极情绪，可以满足大学生某种合理的欲望，使受挫折后产生的不良情绪通过躯体活动得到宣泄、转移和升华，有助于大学生的身心健康发展。相关研究表明，体育活动能改善自我概念，有利于培育大学生的自信心，并能陶冶大学生的情操。体育活动能带来流畅的情绪体验，并能培养大学生的主体意识和活泼愉快、积极向上的精神。同时，学校体育对大学生的高级社会性情感，如道德感、理智感和美感的发展也具有积极的影响。

（三）对促进智力发展的作用

古希腊罗马时期亚里士多德早就指出：在体育上，实践必须先于理论，身体的训练应在智力训练之先。从现代科学的观点来看，体育之所以能发展智力，有以下两方面的原因：首先，体育锻炼能促进内脏器官功能增强。例如，经常进行体育锻炼的人，其心脏脉搏输出量就增加，即每次心脏跳动能给大脑提供更多的血液，有助于智力活动的进行。其次，体育锻炼能大大改善和提高中枢神经系统的机能。苏联学者列斯加夫特认为，人的脑力与体力之间存在紧密的联系，脑力的发展要求体力有相应的发展。这样使大学生手脑并用，学会运用和创新知识技能。

（四）对锻炼坚强意志的作用

体育活动中任何运动都是依靠学生自身的力量完成技术动作的过程，尤其是在复杂的、难度较大的运动项目中更是如此。没有对自身力量的高度自信，没有坚强的意志，就无法发挥自己的身心力量去完成任务。在高校体育教学中，大学生经过自己的努力，完成具有一定难度的动作后，成功感便会油然而生，这对提升大学生的自信心，培养勇于拼搏和创新精神，锤炼坚强的意志，陶冶情操都具有推动作用。成功感又是一种强化力量，可推动大学生努力争取更大的成功。这种积极进取的精神，对于日常生活、学习中累遭挫折，经不起困难考验，不能始终如一的大学生来说，可以培养他们勇敢的精神、坚强的意志、自信心、进取心和争取胜利的决心。

（五）对培养竞争意识与合作精神的作用

体育活动以其丰富多彩内容和竞技抗争的形式吸引着人们前来参与，在体育活动与竞赛的全过程中，始终贯穿着竞争与奋发向上的精神。包括在一般的体育游戏中，也充满着你追我赶、争强取胜的竞争。经常从事体育锻炼和体育游戏可增强人们的竞争意识和进取精神。一些集体性的体育活动，由于抗争激烈，集体配合性强，在活动中不仅要充分发挥参与者的身体机能、技术和心理能力，而且需要大家同心协力，默契配合，相互理解，才能取得一定的成效。因此，可有效地培养现代人的竞争意识与合作精神。

（六）对改善人际关系的作用

体育活动有利于学生社会交往和人际交往能力的培养。社会学家调查证明，经常从事体育运动的学生比一般学生要参加更多的社会活动和社会组织，而在这些活动中，学生的个性可以得到充分的调整和发展。体育活动是一种人与人之间的相互交往的很好形式，是改善人际关系的良好资源。体育教学中，师生之间、学生之间交往极为密切，次数之多，频率之高，是其他学科难以达到的。这种交往不仅能传授知识、技能，促进身体发育，而且能增进相互理解，通过彼此交换意见和看法，能增强亲近感。体育教学中的人际关系交往与一般人际交往不同，它不涉及其他方面的问题与利益，不必借助更多的书面语言和口头语言，因而可使彼此间心理距离缩小，易于消除隔阂，坦诚相待，从而实现心理相容，改善人际关系。

（七）对提高适应能力的作用

体育教学内容广泛，活动项目繁多，场地器材多种多样，教学环境可变性较大，且教学方法较为复杂。在体育教学活动中，既有理论知识的讲授，又有运动技术的分析；既有动作示范、练习、帮助、又有保护、达标、技评。同时，在体育教学活动中，学生的体力、智力、情绪等都处于一个积极的活动状态，或紧张，或兴奋，可以让学生更多地体验到纷繁复杂的环境变化，逐步锻炼和培养自己对复杂多变的环境适应能力。

（八）对思想品德教育的作用

个体良好的品德形成不但与学生的理想、信念有密切关系，而且与体育等实践性较强的教学紧密联系。因此，体育教师要在钻研教材教法的基础上，明确教学目的，结合教材特点与学生实际，寓思想品德教育于体育教学和体育活动之中，注重团队精神的养成，教育学生为社会主义现代化建设锻炼身体，提高社会责任感，培养集体主义精神。注重意志品质的磨炼，发展大学生的良好个性，陶冶美的情操。

第二节 高校体育教学渗透心理健康教育的目标与过程

一、体育教学渗透心理健康教育的目标

（一）科学地确定目标的意义

教学目标确定得是否科学、合理，一方面直接关系到高校体育教学内容、方法和

手段的选择与运用；另一方面又关系到高校体育课程的发展方向，影响着人才培养的质量和规格。随着体育教学改革的深化，体育教学目标已由单一的生物体育观发展到生物—心理—社会于一体的三维体育发展观。体育教学目标也从过去的增强体质、增进健康、掌握"三基"等发展到现在的开发大学生身心潜能、增进大学生心理健康、促进个体社会化，以及培养创新精神与创新能力等一些符合大学生身心发展和社会需要的新的教学目标。作为实现学校体育教育目标的主要途径，体育教学是一种有目的、有计划、有系统的活动，其目的性、计划性、系统性主要反映和体现在教学目标上。体育教学目标是体育教学的方向和灵魂，它决定教学内容、教学过程、教学方法、教学评价和教学效果，是影响教学全局的根本问题。

过去高校体育的教学目标只简单地定位于体育知识、技能的传授和体质的增强，而忽视了大学生心理潜能的开发、心理素质的培养和心理健康的维护，而这些正是它种种弊端产生的根源。因此，科学设定高校体育教学目标，将心理健康教育真正融入高校体育教学目标之中，是时代发展的要求，是推行素质教育、全面提高教学质量的需要，也是人自身发展的需要，同时，还是体育学科渗透心理健康教育，提高大学生心理素质的前提条件。

（二）科学地确定目标的要求

高校体育教学渗透心理健康教育目标的设定应做到科学、合理。具体来说，其科学性与合理性应符合以下几点要求。

1. 自然性

心理健康教育是体育教学本身所蕴含的（直接或间接的），而不是脱离教学、外在强加的。也就是说，它不是一种附庸的、牵强的，而是分内的、自然的，如果一定要贴标签式的为心理健康教育而心理健康教育，那就难以真正达到预期目标。

2. 针对性

高校体育教师要充分了解所教班集体的心理状况，了解大学生的共性心理与个性心理，有差异性和针对性地设定心理健康教育目标，切不可套用相同的模式。

3. 整合性

通过体育教学达成心理健康教育目标，不应是径直的、外露的、赤裸裸的，而应是曲折的、暗示性的。简言之，心理健康教育目标的达成可以与知识技能传授同时完成，可以是在教学过程中产生心理健康教育的效果，还可以是在美的体验和愉悦中净化心灵。因此，目标的设定不宜过"实"、过"板"、过于"线性化"。

（三）认真搞好教学设计

1. 要合理选择教学方法

在教学方法方面，要根据学科内容的需要，采用多种方式，充分利用现代体育教育方法，使大学生在浓厚的兴趣下积极主动参与到学习中，防止其产生疲劳和厌学情绪。在教学目标上，要根据大学生的年龄特点，在传授知识技能时，指导大学生养成良好的学习与运动习惯，形成科学有效的学习方法和体育锻炼方法，培养其创新能力和运动能力。

2. 要合理运用教学组织形式

由于体育教学需要承担一定的生理负荷，所以在教学内容、方法与教学组织形式的选择上，要考虑大学生的身体素质和心理特点，在组织形式上，采用符合大学生心理特点的形式，灵活安排教学内容的组织形式，使大学生在轻松愉快的学习氛围中得到陶冶。

3. 要树立正确的教学理念

教学设计时，要讲究渗透原则，即适时、适度、有机渗透的原则。也就是说，在体育教学设计中，切记唱高调，一味强调道德信仰，忽视道德行为、习惯的培养。特别是要树立"以人为本、全面发展"的理念。

二、体育教学渗透心理健康教育的过程

高校体育教学中渗透心理健康教育的过程就是心理健康教育在体育教学中具体的实施过程。这种渗透事实上是无处不在、无时不有的"常规工作"，因而是体育教学渗透心理健康教育的重要环节。

（一）选择恰当的模式

心理学家勒温·李皮特提出了三类领导方式，即民主型、专制型和放任型领导方式。当教师的行动更民主时，课堂心理气氛就更加活跃，其教学效果会表现得更好。因而，民主型管理方式应该是体育教学渗透心理健康教育的首选课堂管理模式。这是因为民主型管理方式比较容易营造师生之间平等、民主、合作的氛围，易于缩小师生之间的心理距离，大学生具有较高的安全感和自主性，师生之间的互动也较为自然、和谐，这样大学生能从中吸取的积极的心理成分也就大大增多，资源性的心理伤害相对减少，有利于大学生的心理成长和心理健康。

（二）营造良好的心理氛围

课堂心理氛围是指班集体在课堂上的情绪、情感状态，这种状态是大学生接受教与学的最重要的心理基础，进而构成影响大学生心理健康的潜在教育因素。美国教育心理学家华尔特（Waller）曾指出："教师工作本质上就是推销工作。因为教师要想方设法说服大学生，使他们相信教师所传授的这一学科是具有价值的，是值得学习的。"为此，在课堂教学中，教师应在坚持愉悦性、激励性、差异性和支持性等课堂教学的心理卫生原则的前提下，着力于通过精心组织教学内容、积极改进教学的心理卫生原

则的前提下，着力于通过精心组织教学内容、积极改进教学方法、精心设置问题情景等引发大学生的兴趣，寓教于乐，鼓励成功，通过平等、民主、合作的师生关系带动课堂的良好气氛。同时，要大力优化教学情景，建立宽松、和谐的师生关系，使大学生在愉快、有安全感、没有太大心理压力的课堂气氛中去学习与锻炼。只有这样，课堂教学才有助于大学生形成积极的学习态度，正确的学习动机、愉悦的学习情绪并保持高度的学习注意力。

（三）形成有效的课堂管理

形成有效的课堂管理则是操作性的，这种操作涉及课堂秩序的建立、课堂活动的组织与反馈、课堂中的鼓励与批评、表扬与惩罚、课堂中大学生行为问题的处理等诸多问题。这些方面的有效管理也是落实课堂教学中渗透心理健康教育的重要途径。比如，在课堂秩序建立方面，埃默（Emmer）等人对有成效和成效差的教师进行了对比研究，结果发现这种差异对大学生的行为、成绩有明显的影响。此外，无数教育实践已证实，教师在课堂上如何使用以及能否正确使用奖励与惩罚手段、教师能否使用恰当的策略处理大学生的课堂行为问题等，都会对大学生的心理成长和心理健康产生各种不同程度的影响。因此，教师应在正确的大学生观的指导下，充分利用心理学与教育学的有关原理和知识，努力形成促进大学生心理健康的行之有效的课堂管理方法。

（四）构建大学生良好心理素质的体育教学体系

（1）以课堂教学为基础，提高体育课程在培养大学生心理品质上的实际效果。在理论课程设置上，应增加"心理健康与心理保健""心理健康评价""身心健康理论"等课程，使大学生获得基本的心理知识，为提高心理素质奠定理论基础。在实践课程设置上，也必须把培养大学生的心理品质作为重要目标，赋予每一门实践课程以培养大学生心理品质的功能，如通过健美课程，使大学生感受到青春活力和生命的蓬勃，增强自信心；通过篮球、排球、足球等具有群体性的课程，培养大学生的集体荣誉感，增强团结合作意识；通过跨栏跑、三级跳远、撑竿跳等一些高难度的课程，培养大学生迎接挑战的信心与勇气；通过铅球、铁饼等体现力量美的课程，培养大学生吃苦耐劳、顽强拼搏的意志。体育教学中，要达到促进大学生心理健康的教学目标，教学方法和组织形式的选择运用是关键。以往教师在教学的过程中，关注的是大学生体育技术、技能的掌握情况，忽视的是大学生心理素质的培养。因此，必须改变这种以教师为主体的灌输式，只注重技能教育目标忽视心理教育目标的单一性的教学方式。应把培养大学生的心理品质考虑进来，在教学方法和组织形式的运用上，要多为大学生提供主动参与的机会，引导大学生积极主动参与体育教学，为每个大学生提供自我表现和发挥创造力的机会。要多让大学生体会到体育课程的乐趣，体会到成功的满足感和成就感。为此，要尊重大学生的个体差异，坚持因材施教、分层教学，让处于不同层次、不同水平的每个大学生都能体验到运动的快乐和成功的自豪感,特别是让那些身体素质较差、心理素质较弱、容易自卑的大学生多体验到体育运动的乐趣和成就感,使他们走出阴影,增强自信心,把体育课程中获得的自信心带入到学习、生活的各个领域,使身心素质都得到明显改善与提高。

(2)以课外活动为依托,发挥各类体育活动在培养大学生心理品质上的积极作用。体育教学中大学生体能的增长和心理健康水平的提高,仅靠每周的体育课程是难以实现的,它需要大学生积极参与体育锻炼和课外体育活动,参与各类体育竞赛,使课内与课外紧密结合,校内与校外紧密结合。

(3)重视体育教学在课程资源开发与利用中的积极作用。课程实施是课程开发与利用中重要的一环,体育教学活动作为体育课程实施的主要途径,无疑在课程资源的开发与利用过程中起着不可忽视的作用。因此,要关注作为整体教学的实际运作,重视体育教学在课程资源的开发与利用中的积极作用。这就要求教师在教学中,结合学校的实际和大学生的经验与体验,依据一定的目的对课程资源进行选择、组合、改造与创造性加工,从而使课程资源的开发与利用落实到体育教学的层面上。

(4)对课程资源进行挖掘,扩充体育教学内容。体育教学中体育教师要尽量发掘和利用贴近大学生社会与现实生活的体育素材,从课程资源中挖掘出更加丰富的内容,引导大学生将书本知识转化为实践能力,使大学生从生活中受到相应的教育。一方面要建立合理的教材结构,总结旧教材的优缺点,为新教材提供经验支持;另一方面要因地制宜地根据大学生的情况和教学任务选用和创编教材,延伸教材。民族传统体育和民间体育活动项目,都是体育与健康课程应当大力开发和利用的宝贵资源。开发利用和挖掘民族传统体育,不仅可以弘扬民族文化,振奋民族精神,而且能够丰富教学内容,活跃课堂气氛,增进大学生的身心健康。

(5)加强信息技术与体育教学的整合。现代信息技术与体育教学的整合,既是现代体育教师应具备的基本能力,也是充分利用现代体育教学资源的重要途径。图书馆藏有大量的体育图书、体育历史资料,其中包含大量的有价值的体育知识和技术;网络能提供新鲜的体育新闻,最新的体育动态,而且网络上有许多真知灼见的体育评论,也有实用的体育健身知识、运动处方;多媒体能有效地宣传体育,辅助体育教学。比如,武术套路,篮、排、足的攻守技术,都可以利用多媒体进行教学。这些课程资源的开发和利用都会丰富体育课程内容,优化体育课程,促进体育课程的发展。

第三节　高校体育教学渗透心理健康教育的内容与方法

一、高校体育教学渗透心理健康教育的内容

（一）体育学习心理教育

提供优质的体育学习心理教育旨在协助大学生开发体育学习潜能，掌握科学的学习方法与策略，增强体育学习的效果，纠正不良的学习心理与行为习惯。

1. 体育理论常识教育

大学生活泼爱动，有很强的求知欲望，正处在青春发育的关键时期，学校体育应开设基础运动心理学。公共体育课应在对学生进行体育知识传授的同时，讲解一些国内外的体育形式、体育新闻、竞赛和裁判（规则）知识等。增设体育保健、体育卫生、体育锻炼中的自我监督与评价及心理健康知识方面的内容。普及体育常识，对他们进行心理健康教育，让其了解心理健康的重要性，提高自己的调节和自控能力。

2. 学生兴趣培养教育

兴趣是力求探索某种事物或进行某种活动的倾向，对于人的认识和活动都有着非常重要的作用。兴趣作为一种自觉的动机是学生从事活动创造性发展的重要条件。学生的学习兴趣一经被激发，从生理上、心理上得到某种满足，他们就会产生聚精会神的注意、兴奋及坚强的意志力。笔者在教学中发现，学生每次上课时开始惰性很大，情绪低落，跑起步来腿沉重地拖在地面不愿抬起，于是在做准备活动中笔者选择一些和教学有关的趣味性体育游戏，培养学生的体育兴趣，调节教学氛围，以改善学生的心理环境，使学生的情绪逐渐被调动起来，达到了良好的教学效果。因此，教师应不断地改进和创新教学方法和手段，启发和引导学生发现问题和提出问题，激发他们的思维活动，使他们带着求知的渴望和明确的目标用"心"去学。同时在教学中应充分发挥学生的主体地位，挖掘学生好动的天性和跃跃欲试的好动心理，抓住学生掌握动作后的自我欣赏、自我表现的欲望，及时恰当地给予评价，让学生体验到成功的喜悦和运动的快乐，使学生积极主动地参与到教学活动中，充分表现自我，从而激发兴趣，调动学生的积极性。

3. 培养适度的体育学习心理状态

教师在体育教学中针对大学生所产生的心理活动及行为表现的变化，实施心理激励调控和暗示调控，使他们形成一种兴奋、好学的心理状态，从而诱发其内部"能源"，最大限度地调动和发挥他们体育学习的积极性、主动性和创造性，增进学习效果。

4. 开发运动技能

主要通过良好的学习行为和心理能力的训练来实现。其操作程序包括：提出要求，执行要求；重复练习，以熟练、自然、自觉为目标；正面引导，积极提供学生效仿的榜样；督促检查，帮助学生克服不良的学习习惯。

5. 开发学习动力调节系统

通过课程目标设置、创设情境、归因教育、积极反馈、价值寻求等方法，激发大学生参与体育学习、体育锻炼的动机；通过成功教学法、愉快教学法、需要满足法、兴趣教学法等，培养大学生参与体育的意识和兴趣，从而转变或改善大学生的体育态度，养成体育锻炼的习惯，使大学生喜爱体育，形成良性的体育心理状态。

（二）情绪、情感的调控教育

情绪与情感是伴随着认识活动而产生的一种心理活动过程。良好的情绪情感教育对促进人的品德、认知的发展，以及促进身体健康成长具有积极的作用。反过来说，体育活动对人的情绪调节、情感的发展也具有积极的影响。

情绪是衡量体育活动对心理健康影响的最主要的标志，也是人的自然需要是否得到满足而产生的一种态度体验。情绪几乎与人的所有活动都有联系，对人的行为活动起到很大的调节作用。体育活动能直接给人带来愉快和喜悦，并能降低人们的紧张与不安，从而调控人的情绪，并达到心理健康的目的。研究发现，中等以上负荷强度的运动可以减少情绪上的负担，甚至能减轻或消除情绪障碍。例如，通过体育活动与体育比赛，可以合理宣泄不良情绪，消除心理紧张，放松身心，调节心理状态，维持心理平衡。又如，参与跑步者在跑步过程中会出现一种情绪高潮，有人称之为"体育锻炼快感"。即在跑步中出现良好的身心状态，自身与情境融为一体，动作轻松，忘却自我，充满活力，超越时空障碍，在跑步后有全身放松的舒适感觉。体育运动能给人带来不同的心境，如主观良好感、兴奋、焦虑、紧张、自信等变化，在这个过程中，参与者能获得良好的心理效应和感觉。

在体育教学中，教师应当首先了解学生对自己从事某运动项目能力的最初评价，然后通过训练让学生更加客观地了解自己、评价自己，消除自大、自卑、抑郁等不良的情绪状态，从而形成适度的人生定位和自我概念。另外，在运动锻炼中总会不可避免地遭遇失败，面对失败，如何从中吸取经验教训，从失败的阴影中走出来，是每位学生必须体验的心路历程。体育教师在学生遭遇失败时，除了要给予一定的技能指导和及时的支持鼓励之外，更重要的是要教会学生自我激励，培养学生不要放弃和坚持不懈的意志品质，比如言语暗示"我能行，我肯定能行""这没有什么，只要我再坚持下去就没有什么好怕的"，等等，从不断地失败、又不断地战胜失败的过程来磨砺学生的意志，通过"尝试错误"来促进自我发展，以提高大学生的挫折承受能力。还有，大学生在日常的学习和工作中，面对困难和挫折，总会或多或少地产生各种负性情绪，而负性情绪若积累过多，无法宣泄，势必影响人的身心健康。体育运动是宣泄负性情绪的重要方法，是合法且最不具破坏性的途径。因此，大学体育教学中，特别是对于高年级的学生，应当适当安排一些激烈程度较大、学生感兴趣的竞争性强的比赛或游戏，通过其活动使大学生抛弃一切挫折烦恼，尽情地发泄，然后以更加饱满的热情、积极的心态投入到学习、生活中。

在高校心理健康教育中，为了实现培养学生的社会性情感品质和增强其情感调控能力的情感教育目标，情感教育的内容应包括三个层次的内容：①情绪控制，即使学生学会控制激情方向、创造良好心境和锻炼应激能力；②情感引导，即将学生的热情和迷恋引导到有利于身心发展的方向上；③情操养成，即培养学生的道德感、理智感和审美感等。

（三）心理健康认知教育

对学生的认知教育一般可通过德育教育途径和心理健康途径来实施。体育教学中教师要有目的地从体育教材中挖掘有心理健康价值的相关知识内容，或根据教材的特点找寻一些资料，融入体育卫生、体育基础知识和保健知识的传授之中，认识和掌握心理卫生常识与心理保健知识，使学生了解并懂得健康不仅仅只是躯体健康而应还包括心理健康、社会适应良好和道德健康四个方面，只有具备这四个方面的素质才是完全健康的人，同时通过讨论、谈话等手段使学生能结合学校的德育教育和心理卫生教育融会贯通，明确体育是将心智和躯体统一起来的最有效、最容易调控的教育方法。体育学习、体育锻炼的最重要的目标之一就是保持和增进学生的心理健康，开发运动学习动力，培养适度的体育学习心理状态，达成能在较长时期内保持良好的心理健康状态，精神饱满地投入到学习中去。

（四）良好的性格和个性品质教育

性格是人对客观现实的稳固态度以及与之相适应的习惯化了的行为方式方面的心理特征。性格的形成是主体和客体相互作用的结果。每个人在社会实践中，通过认识、情感、意志等心理过程反映客观事物，并将自己的反映保存和巩固下来，形成个体一定的态度体系，并以一定的形式表现在个体的行为之中，构成个体一定的行为方式。可见，主体对现实的态度体系和行为方式，是性格的本质特点。

人的性格与思想品德是紧密联系在一起的。一个人如果不具备良好的性格，就谈不上先进思想和优秀品德的形成。要想成功地进行品德教育工作，必先以成功的性格教育工作为基础。

性格与知识学习也有密切关系。相关研究发现，性格良好的学生一般都有正确的学习态度，他们能认真克服学习中的困难，对于生活中所遇到的不顺心的事也能妥善处理，不斤斤计较。他们能把主要精力放在学习上，因此学习成绩较好。

性格教育的内容包括两个方面：一是培养学生良好的性格特征，二是帮助他们矫正不良性格特征。这两者可以统一在形成学生良好的性格结构之中。

良好个性的最佳特征之一就是创造性的发展，因此，个性的日益发展是社会发展的一种需要。从个性的形成过程看，马斯洛认为："人的个性发展的最完善、最高级的形式，就是健康的个性。所谓健康的个性，从内部的心理机制来说，是一种与生理和谐发展的个性；从外部活动的效能来说，则是一种富有高度效能的具有创造性的个性。"因此，发展健康的个性十分必要。

体育活动对学生个性发展起着积极的促进作用。体育是人的独立行为活动。社会心理学家认为：研究个性不能离开活动，人的个性在任何方面都不是先于人的活动而存在的，个性也和人的意识一样，产生于活动。体育教学中，学生是活动的主体，学生不像在其他教学中那样，被固定在课桌前，他们可以在一个较为广阔的领域中尽情游戏、运动、竞赛，他们的身体直接参与活动，其思维活动与机体活动紧密结合，他们的个性即可以充分地显示出来，并可以在活动中得到充分的发展。

体育运动是陪伴一个人终身的一项活动，它与人的关系密切程度往往超过其他活动，因此，它对人的个性的塑造是长久和稳定的。一方面个性有选择活动的作用，另一方面运动又在改造着个性。尤其是对人的性格、意志、情感等心理特征和观察判断、思维等智力特征都起着重要的积极作用。同时，体育运动给学生提供了较多的选择机会，学生可以从中尝试成功的喜悦和得到尊重的心理满足，从而证明自己的能力，增强其自信与自尊，使个性得到充分的调整和发展。而众多的体育运动项目可供他们选择，在"合理的位置"中扮演一个"角色"，这种方式上的差异，可以加深个性的差别。

（五）意志品质的培养教育

培养良好的意志品质是高校心理健康教育的重要目标，高校心理健康教育的目标是帮助学生提高承受挫折的能力，培养良好的意志品质，即培养意志的独立性、果敢性、坚毅性和自制力等品质。

体育是以克服一定的困难和障碍为特征的身体活动。体育运动常常意味竞争，意味着达到某一级运动水平或体育锻炼标准，而这一过程则要求学生付出努力与汗水。体育活动的激烈与艰辛，使参与者必须承受一定的生理负荷和心理负荷，能磨炼人的意志，并为之付出很大的努力。

在体育教学中，通过体育锻炼培养学生自觉性和主动性，果断性和勇敢顽强的意志品质，首先就要为学生确定科学的目标，根据学生的体质现状，素质能力等实际情况，采取相应的教学方法和手段，每次练习都要讲求实效，使学生看到自己的进步，增强克服困难的自信心。其次要严格要求，在向学生提出要求时，指标必须明确合理，态度严肃认真,这样有利于激励学生完成任务,同时注意准确把握其心理状态和不同个性特点才有可能被学生所接受和理解,把目标转化为学生的自觉行为,从而克服困难,排除障碍完成任务。第三要善于利用教材的特殊性来磨炼学生的意志,比如耐久跑能锻炼学生的顽强、持久的意志品质,体操能培养勇敢果断的作风,球类比赛能培养学生的独立个性和团结奋斗的集体主义思想,提高应变能力等。

(六)耐挫能力的培养教育

所谓耐挫能力,又称为挫折的耐受能力、挫折承受力、挫折容忍力等,是指个体对挫折可忍耐、可接受程度的大小。人生的航程并不总是一帆风顺,会遇到各种困难、阻碍和挫折。但怎样对待挫折情境以及对挫折的耐受能力如何,人与人之间存在较大差异。有的人能忍受严重的挫折,坚忍不拔,百折不挠;有的人稍遇挫折即意志消沉,颓废沮丧,一蹶不振;有的人虽然能忍受各种严重挫折,但却不能忍受自尊心所受到的伤害,等等。如果学生面对挫折能忍受、能超越,有一定的耐挫能力,其人格发展就会日趋成熟,其心理就会逐步进入一个健康而稳定的发展时期,反之,就会导致心理适应不良,乃至产生各种心理健康问题和越轨行为。正因为这样,耐挫折能力的培养,是高校心理健康教育的重要内容之一。具体内容包括:要使学生形成对待挫折的正确态度;要培养学生良好的意志品质;要培养学生对挫折的容忍力和对挫折的超越力。

(七)竞争意识与合作精神的培养

由于体育活动本身就具有竞争性的特点,在体育活动中,或是同时唤起合作与竞争的行为,或是交替地引起合作与竞争。体育活动正是以竞技抗争的形式和丰富多彩的内容吸引着人们前来参与,在体育活动与竞赛的全过程中,始终贯穿着合作、竞争与奋发向上的精神。一些集体性的体育活动,由于抗争激烈,集体的配合性强,在活动中不仅要充分发挥参与者的身体机能,技术和心理的能力,而且需要大家同心协力,默契配合,相互理解,才能取得一定的成效。因此,体育活动竞争与合作的特点,对培养学生勇敢进取的精神,激发个人动机,提高学习与工作效率,树立远大志向,形成健全的个性有着非常积极的作用。同时,通过这类的体育活动,也可有效地培养大学生在竞争中善于与人协作共事的群体意识和团队精神。

(八)人际关系指导

人类的心理适应最主要的就是对于人际关系的适应,人际关系是影响一个人的心理是否健康的重要因素之一。因此,人际交往对于大学生的健康成长具有特殊重要的意义。随着社会经济的发展以及生活节奏的加快,许多大学生越来越缺乏适当的社会关系,人与人之间关系也趋向于冷漠。

体育运动有利于大学生发展人际交往能力。体育活动是一种人与人之间相互交往的很好形式,能增加人与社会的联系。通过参加体育锻炼,会使个体社会交往的需要得到满足，丰富个体生活方式，这有利于消除工作、学习和生活等带来的诸多烦恼，消除精神压力和孤独感。

体育运动的魅力使人们冲破隔离和孤独，相聚在运动场，建立起平等、亲密、和谐的关系。学生在运动场上可以建立起伙伴、朋友关系。体育活动不分地位、贫富、职业与年龄等，同时体育活动常超越世俗的界限，让人们平等而真诚地为一个目标而奔跑，为一场比赛而呐喊、兴奋、激动。孤独、分散的人们，在运动场上相聚，重建人际关系。现代社会中，竞争是不可避免的，但人类还需要友谊、和谐与和平共处。体育运动，作为"理想的契约竞争关系"为人类提供了一个解脱困境的办法和重建人际关系的新模式。在体育竞赛中，良好的团队协作精神往往是比赛获胜的基础。体育运动能使大学生的交往能力得以发展，人际关系得到改善。

人际关系指导的目的在与协调好人际关系。人总是在一定的社会群体中生活的，总是在不断地交往活动中从事工作、学习和其他社会活动。人际关系状况如何，对于人们顺利地完成活动任务，对于集体的形成和巩固，对于个体德、智、体诸方面全面发展，均有深刻影响。我们认为，对学生人际关系的指导内容一般应包括以下六个方面：①调整认知结构；②克服人际偏见；③加强个性修养；④掌握有关知识；⑤学习交往技能；⑥掌握调适策略。

二、高校体育教学渗透心理健康教育的方法

（一）科学地设定体育教学目标

体育教学作为实现高校体育教育目标的主要途径，是一种有目的、有计划、有系统的活动，其目的性、计划性、系统性主要反映和体现在教学目标上。体育教学目标是体育教学的方向和灵魂，它决定教学内容、教学过程、教学方法、教学评价和教学效果，从而影响教学全局的根本问题。

在"应试教育"大环境下的体育教学目标只简单地定位于体育知识、技能的传承和体质的增强，而忽视了学生心理潜能的开发、心理素质的培养和心理健康的维护，而这些正是它种种弊端产生的根源。因此，科学设定体育教学目标，将心理健康教育真正融入高校体育教育目标之中，是体育教学渗透心理健康教育、提高学生的心理素质的前提条件。

（二）结合体育教学内容，加强学生心理健康教育

在教学活动中，结合体育教学内容，激发学生参加体育活动的热情，培养学生对体育活动的兴趣，调动学生学习的积极性，发展学生的智力，锻炼学生的意志品质，促使学生形成健康的情绪，以及提高学生的交往能力和环境适应能力。

（三）结合体育运动项目的特点，培养学生良好的人格品质

在体育活动中，结合体育锻炼项目的特点，加强心理引导，纠正学生的心理缺陷，培养良好的人格品质；结合体育运动竞赛活动的特点，培养学生的竞争意识和团结、合作与进取的精神。因为，对于学生自身来讲，保持心理健康的一个重要途径是培养自己良好的人格品质，避免产生心理障碍与心理疾患。

（四）构建良好的校园体育文化氛围，创造健康的教育环境

良好的校园体育文化氛围，丰富的体育文化活动使人心情舒畅，精神振奋，态度积极，生活充实。因此，在高校体育中，开设体育选修课，成立大学生体育俱乐部，开展校际间体育的交流，创造良好的校园体育文化环境，为大学生成长创造良好的教育与生活环境。

（五）加强体育教师的人格、德行修养，提高心理健康教育水平

加强体育教师的人格、德行修养，提高教师的心理健康教育能力与心理咨询、辅导水平，建立一支自身心理健康，懂得教育心理学专业知识，掌握心理辅导技巧和方法的体育教师队伍，这是高校体育开展心理健康教育，提高学生心理素质水平的有效方法与手段。

（六）提高大学生心理素质的教育方法

（1）确定教育目标，激发学生的求知动机。大学生的求知动机是推动学习活动的动力，对学习效果起着极其重要的作用。在体育教学中，如果针对大学生学习体育的心理行为特征确立体育教育目标，就能充分调动学生学习体育的积极性。在确定教育目标时，教师不要确定标准过高，甚至实现不了的目标，以免挫伤学生积极学习的心理。要向学生阐述学习体育的意义，把近期学习需要与将来从事工作的需要目标联系起来，把课堂体育教学与课外健身锻炼联系起来，把运动竞赛与维护集体利益联系起来，这样能有效地调动学生生理与心理潜力，促进学习成绩的提高。另外，进行目标教育要充满竞争活力，多用正误对比、经验交流等形式，鼓励学生的求知欲望，以此帮助他们形成持久的正确学习动机。

（2）利用新异刺激，培养学生的能力。心理卫生学认为，大多数人都有心理上的"异性效应"，尤其是青年人更易在异性面前表现自己的聪明才能，努力克制和战胜自己的弱点。所以在体育教学时，教师应根据不同内容组织男女合练。如上体育舞蹈课时可组织男女生对练；上田径课时可组织各种形式的跑、跳、投等练习；教学比赛时可让男女学生混合组队比赛，这样可使大学生在异性面前抑制自己的不良行为，弘扬良好的思想品质，培养并发展他们健康向上的人格。体育教学必须紧密地与健康教育相结合，对健康教育的重要性、必要性和紧迫性应引起高度重视，构建以学生为主体，以增进学生身心健康为核心的课程体系，改变传统以竞技体育为中心的体系，注重教学

内容的娱乐性、健身性、文化性和兴趣性，通过体育的特殊功能，强化大学生的心理健康水平。

现代体育教学不仅是体育知识、技能的传递过程，而且也是一种情感的交流过程。课堂知识、技能和情感在师生之间的双向流动，可以导致师生双方思想的共鸣。教师要抓住体育教学过程的这个特点，努力创设良好的教学情境。我们在选择教学内容和教法时，要考虑学生的体育兴趣、爱好和认识水平，注意突出一个"新"字。因为新异事物可以引起学生的探究反射，便于学生对体育知识、技能产生更高水平的定向。如果体育教学内容和方法枯燥乏味，长时间的单一刺激，易使学生引起超限抑制，会让学生产生逆反情绪，降低学习兴趣。只有采用新颖、实用、丰富的体育教学内容，生动、多样、活泼的教法，才能引起学生的注意，使学生不断地获得新的体育知识、技能。比如，在发展学生的下肢力量素质时，就可围绕活动身体这一部位的任务，创造出多种发展下肢力量素质的练习形式。这就要求体育教师不断更新知识，了解本学科发展的前沿，争取把最新的体育知识、技能带进课堂，运用体育知识教学的言语之趣、技术动作之趣、游戏和竞赛之趣来启发学生练习、思考、探索，努力培养学生的创造能力。

（3）采用教学比赛，培养学生的意志。体育比赛不仅是学生身体和运动技能的竞争，而且更是双方心理、智慧和意志的较量。激烈的拼搏需要学生身体、认识、情感、意志等方面综合发挥内在力量进行工作，显然，它可以促进学生心理品质的发展。例如：在排球比赛中，某队学生为了争取主动，在对方采取多变战术强力进攻的情况下，必须千方百计地运用耐力、速度、协调、灵活等素质，动员全身的力量来努力获得竞赛中的优势。与此同时，心理因素、特别是意志的力量起着巨大的积极作用。比如说，意志的坚定性、果断性、勇敢、自信、自制力等的影响，使行动计划付诸实践。没有坚强的意志，就不会在艰苦、紧张的比赛中保持旺盛的斗志去争取比赛的胜利。因此，运用教学比赛是发展学生意志品质的最佳手段。

（4）巧用注意方式，调控学生的情绪。学生在体育活动过程中能调节和控制自己的情绪，用理智驾驭情感，而不做情感的俘虏，这是良好心理状态的表现。对正常的情绪可进行适当合理的宣泄，对不良情绪要学会控制。如在挫折面前，以对事物的理性认识来控制，以其他有意义的活动来转移注意力，使情绪缓解。在失败面前对自己宽慰以减少内心的失望，或以幽默的方式来超然洒脱地对待窘迫尴尬的场面。另外，当学生在运动练习中情绪波动而产生心理紧张时，要帮助学生摆脱心理压力，使学生适当休息与放松。例如，采用心理自我调节训练，就是帮助学生进行心理与身体放松的好方法。

（5）运用迁移规律，培养学生良好的个性。体育学习迁移指的是在体育教学中把学生已经学到的知识、技能以及方法、态度等对学习新知识、新技能的形成产生积极影响。例如：在篮球课中，当学生学会了双手胸前传球之后，就比较容易学会双手胸前投篮动作；如果学生已经掌握了联防战术，再学区域联防战术时就显得容易。这种运动技能的迁移现象叫作正迁移。反之，已经掌握的体育技能对学习新技能的形成发生消极影响，阻碍新技能的掌握，就称为技能的干扰，又叫负迁移。在体育课上，教师正确运用技能迁移规律有助于顺利地完成教学任务。个性是学生精神面貌的具体表现，它的形成依赖于先天遗传因素，但主要还是靠后天的生活环境去培养和发展。每个人的生活情况不同，学生在心理上的个性表现也有差异。体育教学环境本身能够为学生提供发展良好个性品质的有利条件。例如，教育活动的内容不同，可以培养学生不同的个性能力。像运动感知觉能力、观察分析能力、注意力和丰富的想象力以及比赛情况下所形成的特殊性格特征、自信心、稳重、冷静、机智勇敢、协同作战等。这些都是促进学生个性发展的重要因素。

在体育教学中，运用迁移规律培养学生的个性品质，可以借助于其他活动的心理动机，促使学生对体育产生直接兴趣；可以利用某学科的专业活动需要依赖体育的关系，把学习心理迁移到体育运动上，来重点发展学生的身体素质；可以运用体育技能之间相互作用的正迁移规律，来培养学生的体育个性品质。类似这样的做法，我们只要掌握大学生心理和生理活动规律，积极进行科学教育，严格管理，就能有效地提高体育教学质量。

体育教学中加强培养和健全学生自尊自信、沉着果断、坚忍顽强、团结合作、开拓进取等品质，促进个性完善与人格健全，预防形成不良的心理品质，将体育与德育教育融为一体，充分发挥体育教师自身的言传身教作用，通过大学生自我心理活动与体验来教育培养，可采用自我说服法、锻炼体验法、榜样教育法、创设情境法、愉快体育法、游戏竞赛法等。将此法在实际教学中加以应用，可激活学生心理能量，优化心理环境。加强意志力的培养，在体育教学中可采用疲劳负荷法、竞赛提高法、自我强化法、日常教育法等来加强大学生个性心理品质的培养。教师可根据不同项目，从不同层次和角度促进大学生个性心理的健康发展。如田径、体操运动能提高学生坚韧、自制、果断、勇敢等意志品质；球类运动有利于学生形成爱集体、守纪律等优秀品质，并能在日常生活中与人和睦相处，在学习和工作中能密切合作，克服个人主义，增强集体主义观念。

（七）体育教学中心理健康教育的实施方法

1. 讲授法

讲授法是通过语言或借助其他手段把心理发展知识传授给学生的方法。讲授不仅是口头讲解，在高校体育教学中还包括多种不同的方式，比如运用各种形象直观的手段：影视、录像、幻灯片等。讲授也不能简单地理解为教师讲、学生听，高校体育教学中渗透心理健康教育必须特别注重教育者与受教育者的双向交流和沟通。教师在讲授中要充分运用谈话、讨论等多种方式来进行，这样才能取得理想的效果。

2. 心理训练法

心理训练的方法是指在教师的指导下，学生练习、实践、锻炼的方法。人的心理品质并不只是表现为对心理的"知"，更重要的是表现在实际活动中的各种心理活动能力。因此，心理品质的形成和心理潜能的发展，都离不开实际的心理训练。在高校体育教学中，针对不同心理品质的培养，可以采取不同的心理训练方法。智力训练、创造性思维品质的培养可以采用"智力竞赛法""具体激励法"等；情感的培养则可采用"移情训练""榜样示范"等；意志品质的培养可以采用"耐挫折训练""自我调控训练"等；不良心理品质的矫正，可以采用"行为矫正"等不同的训练方法。

3. 陶冶法

陶冶法是指那些在潜移默化中影响学生心理品质的方法。具体表现在两个方面，一是高校体育教师将自己的教育意识投射在物质环境中，也就是说，通过有利于学生心理发展的物质环境的创造来陶冶学生的心理。二是高校体育教师在学生集体中努力创造良好的心理气氛来陶冶学生的心理，这主要可以通过活动来进行，良好的心理氛围必须通过健康的活动表现出来。

4. 激趣法

教师要善于运用能激发兴趣的教学因素，激发学生的学习兴趣。学生对体育教学的兴趣和喜爱程度及其从体育活动中获得愉快的情感体验是增强身体活动心理效果的重要因素。如果学生从事的是自己不感兴趣的活动，那就很难获得良好的情感体验。因此，运用多种生动活泼、形式多样的教法手段，激发学生的兴趣，让学生在体育教学中体验到快乐，使他们爱上体育课，这对具有强迫症和抑郁症的学生，能够起到较好的缓解与调节作用。

5. 沟通法

体育教师要深入学生中，尽可能地同学生一起参加各项体育活动，创造新型、融洽的师生关系，使学生充分信任体育教师，愿意跟教师进行沟通，从而有利于学生保持愉快的心境。

6. 互助法

实践证明，个体所以为群体所吸引，主要是群体认同、社会强化、竞赛刺激及参与活动等因素。体育教师在教学中有意识地让学生相互交流，互帮互学，营造一个融洽的人际关系和良好的教学氛围，对学生的不良心理具有良好的治疗作用。

7. 疏导法

学生有了逆反心理，教师要主动与之接近，疏通感情，了解产生抵触情绪的原因，然后因人施教，对症下药。

8. 竞赛法

心理学研究表明，当自己的能力适应任务挑战时，人的愉快就会产生。如果缺乏挑战，就会使人产生厌倦感。相反，任务太富有挑战性，也会导致个体焦虑，甚至产生挫折感。因此，人的能力适应挑战性是人产生快乐并坚持活动的重要原因之一。有抑郁、焦虑等不良心理的学生其运动能力也往往较差，教学中要注意调整形式，让活动的形式适应不同运动能力学生的心理需要，使有抑郁、焦虑心理的学生也能体验到成功的快乐。

9. 冷却法

当学生产生了逆反心理，情绪强烈动荡时，教师必须制怒，保持常态心理，对事情做出清醒的分析和理智的判断，找出正确解决矛盾的途径。再把说服工作的重点放在平静学生的心情上，以尽快恢复其理智，切不可在学生情绪上来时"针尖对麦芒"，使矛盾激化。

10. 温暖法

学生出现逆反心理，教师采取尊重、理解、关怀、鼓励和信任的态度，帮助其明辨是非，正确地控制和调节自己的行为。对曾在体育运动中有过某种挫折、内心受过不良刺激的学生，教师需要关心爱护他们。同时，在全班创造相互关心，助人为乐的良好氛围，使他们不断增加战胜困难，克服挫折的信心。

11. 鼓励表扬法

对于体育差生的微小进步都要及时给予肯定和表扬。充分利用学习成绩的反馈作用去鼓励学生，增强他们克服困难的信心，正确对待自身不足，从而消除自卑心理。对学生提出的练习要求要适当，教学内容和形式要充分考虑学生的个体差异，制定不同的期望目标，使学生体验到成功的欢乐。

12. 规则法

体育教学中合理、及时运用竞赛这一形式，能激发学生的热情。使用此方法时应注意平衡竞争对手，可适当改变些条件，制定特殊细则，从而有效地增强竞争意识。

13. 诱导法

对于部分身体素质差，接受能力慢的学生，教师要循循善诱，使之能正确对待自己，摒弃自暴自弃的不良思想。首先，使其懂得只要主观努力，方法得当，就能将自身的运动潜力挖掘出来。其次，对运动技术的要求可适当放宽，使其不断尝到成功的喜悦。并引导他们在练习中扬长避短，逐步发展身体素质，提高运动技术水平。

14. 感染法

有一些技术动作，尽管教师做了示范，但有的学生心里仍然不相信自己也能完成这一技术动作。这是不好的自我暗示。教师除启发、鼓励学生的信心外，还可选择有代表性的同学进行示范练习，当他们成功完成这一技术练习时，就能很快消除这部分学生的心理顾虑，增强其完成动作的自信心。

（八）体育教学中心理暗示的方法

1. 心理暗示训练的时机

运动心理学研究表明，以下几个时机运用心理暗示训练可以取得较好的效果：

（1）当学生或运动员学习难度较大的技术动作，产生紧张、焦虑和畏难情绪时，可以采用暗示语使他们逐渐放松和保持镇定。

（2）当学生或运动员出现错误动作而且难于纠正时，可以用暗示语帮助他纠正错误动作。

（3）当训练内容枯燥、乏味，学生或运动员缺乏兴趣、感觉厌烦时，可以用暗示训练鼓舞情绪，唤起学生或运动员的学习兴趣。

（4）当学生或运动员感到疲劳、情绪低落时，教师可以采用暗示训练，提高他们的情绪水平，并强化意志品质。

（5）当学生或运动员的技术动作学习还没有达到动力定型的程度时，可以采用暗示语配合动作练习强化他们对技术动作的学习，巩固和加速动力定型的形成。

（6）当学生或运动员注意力分散时，采用暗示训练帮助他们及时集中注意力于当前任务。

（7）当动作操作需要发力时，可以采用暗示训练，提示动作的发力时间点以及发力强度，帮助学生或运动员快速掌握发力的技巧。

2. 心理暗示的种类

心理暗示的种类有如下几种。

（1）自我暗示。自我暗示是指让学生或运动员自己用一定的暗示语言调节本体植物性神经系统机能，使自己心理和肌肉状态能更好地完成运动任务的要求。自我暗示靠学生或运动员自己多次重复词语或一定暗示短语来实现的。例如，在比赛中运动员感到非常疲劳时，可以通过暗示自己"坚持、顶住"，来增强意志力，从而渡过难关。

（2）表情和体态暗示。表情和体态语言是体育教师或教练员与学生或运动员进行沟通知识、技术和情感的良好媒介。心理学研究表明，表情和体态语言在人际交往中传递了绝大部分的信息。例如，体育教师或教练员可以用赞许的表情，鼓励那些因胆怯而不敢做动作的学生或运动员；用皱眉和摇头表示学生或运动员完成的动作仍需改进；有节奏地挥舞手臂来向学生或运动员暗示整套技术动作的节奏和韵律。

（3）环境暗示。体育教学与训练的环境直接影响着学生或运动员的学习效果。体育教师应该科学合理地布置教学场地，因地制宜地设计安全、舒适的教学场馆。例如，体育教师或教练员可以应用颜色对人的暗示作用，用红色等暖色调布置训练场，以提高和调动学生或运动员的情绪唤醒水平；使用绿色和蓝色布局，可以使学生或运动员更加镇定。

（4）标志暗示。在体育教学与训练中，标志暗示即可以帮助学生或运动员形成良好的技术动作，提高其技术、战术意识，而且还可以帮助他们产生适宜的心理准备，例如，在排球场地的不同区域用数字编号，以暗示和提高攻球队员攻球变化性。

（九）体育教学中心理学评价的内容与方法

体育教学中心理学评价的基本观点是以人为本，以尊重学生的人格为前提，注重学生的身心发展，培养学生的自尊和自信，淡化学生之间的比较，帮助学生学会与和自己的过去进行比较，并在比较中客观地了解和评价自己，在教师指导下设置合理可行的学习目标，从而为全体学生的自主学习创造机会和条件。体育教学中的心理学评价的目的是了解学生在体育学习过程中的心理活动及其行为表现，分析原因，发现学生的潜能，为学生提供展示自己能力、水平、个性的机会，使他们体验到成功的乐趣，增强信心，提高自我认识、自我教育、自我发展的能力，从而获得进步和发展。因此，体育课堂学习过程的心理学评价的主要目的是激励性和发展性。

体育教学中心理学评价的激励目的是根据体育教学的要求，让学生通过对自己的体能、运动技能、学习态度、情意表现、人际关系、健康行为等方面的情况有清醒而正确的认识、发现自己的进步和发展的潜力，激发参与体育活动的积极性，获得体育学习的成就感和自信。这种评价是面对每一位学生的评价，指向学生的学习进步和努力方向。

体育教学中心理学评价的发展目的是使学生认清其学习上的困难和症结，帮助学生对取得学习的进步，调动学生积极向上的内驱力。这种评价也是面向每一位学生的，评价指向学生的学习困难和前进方向。

1.体育教学中心理学评价的内容

体育教学的心理学评价内容主要是评价学生在体育学习过程中的学习态度、情意表现、交往能力与合作精神及其行为。

（1）体育学习态度。学习态度作为一种对待学习的内部状态，它影响着人对学习活动的选择，包括性质（方向）和程度两个维度。性质是指正确与错误、好与不好。每一种学习态度又有程度深浅、强弱的差别。学习态度的评价主要包括参与体育学习的积极性、为达到目标主动思维的自觉性和反复练习的主动性、运用所学知识和技能的灵活性等。

（2）情意表现。情意表现包括学生在体育学习中表现出来的情绪状态和意志品质。情绪表现主要包括学生在学习过程中对体育学习与活动的自信程度，在实现体育学习目标中的成功体验程度，在体育学习中的情绪稳定程度，运用体育活动中手段较好调控自己情绪的应用程度等。意志品质主要包括学生在体育学习中克服主观和客观困难时表现出的勇敢性、果断性、独立性、坚韧性和自制性等。

（3）交往能力与合作精神。交往能力与合作精神具体表现为理解和尊重他人，与同伴一起分析和处理体育学习中遇到的困难和问题，努力承担在小组学习和练习中的责任，与同伴齐心协力取得集体成功，以及遵守规则和尊重裁判等。

2. 体育教学中心理学评价的方法

体育课堂学习目标是在"过程"中完成的，学习态度、情意表现、交往能力与合作精神必须在"过程"中进行评价，否则毫无意义。因此，评价的方法必须多元化，集诊断性评价、形成性评价和终结性评价于一体。

在具体的评价方式上，学生的体育学习态度、情意表现、交往能力与合作精神可采用观察（行为记录法、评定量表法）、口头评价等方法。

（1）观察。即在自然的教育场景下，教师观察学生的行为表现，并加以评定的一种方法。在观察过程中，学生处于正常的活动之中，没有（或较少）产生任何压迫感，所收集的资料自始至终都是自然、真实的常态表现。因此，观察法可被用来客观地评价学生的学习态度、情意表现、交往能力与合作精神等。运用观察法应有周密的计划，并随时记录。常用的记录方法有行为记录法和评定量表法。

①行为记录法。行为记录法是指教师通过对学生学习行为表现的观察，并随时做记录，可用于评价学生的心理发展。这些学习行为表现反映出学生对学习的态度、兴趣、情绪、意志、交往能力与合作精神等心理特征。教师将学生的学习行为随时记录下来，可采用横向评价的方法（比较同一组学生的心理特征异同），也可采用纵向评价的方法（过一段时间，再比较某一学生或某组学生在心理特征上是否发生变化）。

②评定量表法。评定量表法是对各种行为的性质、特点，分别列出几个程度，用文字加以表述，从而形成评定量表。评定量表的设计分为两个部分，一是所要评定的该项行为特征的名称，二是评定时用的分点说明语。观察时，教师从这几项不同的描述中，选择与学生行为表现相符的一项，标上记号，并据此分析学生的行为特征。

一般来说，在使用评定量表法时，如果教师确定的行为特征过于抽象，就不容易判断。因此，选择行为特征时应考虑可观察的外显行为，避免一些抽象术语，如同情心、自卑感、愧疚感等。

（2）口头评定。口头评定就是教师运用口头语言对学生在体育学习过程中的学习态度、情意表现、合作精神等方面进行评定的方法。由于语言是人类交际的最普通的工具，也是体育教学中最常见的行为活动。因此，口头评定是体育课堂学习过程的心理学评价中最常见的方法，也是自己评定和同伴间互相评定的一种手段。

口头评定的用语要清晰、简洁、准确、生动、条理清楚、重点突出，并注意语言表达时的体态举止和面部表情动作，以便唤起和保持学生的注意状态和兴趣，启发学生的思维。

第五章 高校体育锻炼的基础内容和能力培养

第一节 篮球运动

篮球运动于1891年由美国马萨诸塞州斯普林菲尔德市基督教青年会训练学校体育教师詹姆斯·奈·史密斯博士借鉴其他球类运动项目设计发明的。起初,他将两只竹篮钉在健身房内看台的栏杆上,竹篮上沿离地面稍高于10英尺,约3.05米,用足球作比赛工具,任何一方在获球后,利用传递、运拍将球向篮内投掷,投球入篮得一分,按得分多少决定比赛胜负。1892年,奈·史密斯制定了《青年会篮球规则》13条,比赛时间规定为上、下半时各15分钟;对场地大小也做了规定;上场人数由每队9人、7人,到1893年决定为5人。随着篮球运动在美国国内的推广和开展,场地、器材也不断改进,逐渐形成近似现代的篮板、篮圈和篮网。

由于篮球运动是一项室内、富有吸引力的新颖的运动项目,不仅在美国国内得到很快的发展,而且也相继传播到欧、亚、南美洲等一些国家。1904年,美国青年会男子篮球队在第三届奥运会上进行了表演赛。此后,篮球运动逐步在各大洲开展起来。1932年在瑞士日内瓦成立了国际业余篮球联合会,并正式出版了第一本国际篮球规则。1936年第十一届奥运会将男子篮球列入正式比赛项目,篮球运动登上了国际竞技运动舞台,成为一项世界性的运动项目。

一、篮球的基本技术与练习方法

(一)移动

移动是队员在比赛中改变位置、速度、方向和争取高度时所采用的各种脚步动作的统称。

1.基本技术

(1)起动。

起动是队员在场上由静止状态变为跑动状态的一种脚步动作。突然快速起动在比赛中运用最多,是摆脱对方最简单、最有效的方法。起动时,前脚掌要短促而迅速地用力蹬地,使动作具有突然性。起动的前几步要小而迅速,同时上身迅速前倾或侧转,向跑动方向转移重心,手臂协调摆动,能在最短的距离内充分发挥速度或以起动超越对方。

(2)变向跑。

变向跑是队员在跑动中突然改变方向并加快速度来摆脱防守的一种方法。变向时,上身稍向前倾,同时右(左)脚前脚掌内侧用力蹬地,随之腰部扭转,上身向左(右)前倾,移动重心,左(右)脚向左(右)前方跨出一小步后,右(左)脚迅速同左(右)腿的侧前方跨出一大步,继续跑动。

(3)侧身跑。

比赛时,队员在跑动中为了更好地摆脱或超越对手,同时观察场上变化接应队员,经常采用侧身跑。侧身跑时,头部和上身放松地向球的方向扭转,同时侧肩,脚尖朝着跑的方向,既要注意观察场上情况,又要保持奔跑速度。

(4)急停。

①跨步急停:队员快速跑动到最后两步时,先向前迈出一步,用脚后跟着地并过渡到全脚掌抵住地面,迅速屈膝,同时身体稍向后仰,转移重心,减缓向前的冲力。第二步着地时,身体侧转,脚尖稍向内转,用前脚掌内侧蹬地,两膝弯曲,重心落在两脚之间。

②跳步急停:队员在近距离慢跑中,用单脚或双脚起跳(离地不高),上身稍后仰,两脚同时落地。落地时用前脚掌内侧着地,两膝弯曲,下降重心,保持身体平衡。

(5)转身。

①前转身:一脚从中枢脚脚尖前绕过移动为前转身。如向左做前转身时,左脚为中枢脚,右脚前脚掌用力蹬地,同时上身向左转动。

②后转身:一脚从中枢脚跟后面绕过移动为后转身。如向右做后转身时,左脚为中枢脚,身体重心移到左脚,右脚前脚掌用力蹬地,同时上身向右转动。

(6)滑步。

①前滑步:由前后站立姿势开始,向前滑步时,前脚向前跨一小步,与此同时后脚用力蹬地向前滑一步,保持开立姿势。注意屈膝降低重心。

②侧滑步:由两脚平行站立姿势开始,向左侧滑步时,左脚向左跨出,落地的同时,右脚蹬地滑动,跟随左脚移动,保持屈膝低重心的姿势。身体不要上下起伏,两脚不要交叉,重心要落在两脚之间。向右侧滑步时动作相反。

(7)后撤步。

前脚掌内侧用力蹬地,重心后移,然后将前脚移至后脚的斜后方,紧接前滑步,保持防守位置。

2. 练习方法

（1）基本站立姿势（面向、背向、侧向），听或看信号起动跑的练习。

（2）自抛或别人抛球后，迅速起动快跑，把球接住。

（3）成一路纵队，采用全场"之"字形急停急起。练习时，一队员急停变向后，第二名接上再做，依次进行。

（4）看手势做前、后、侧滑步，后撤步练习，全场"之"字形滑步练习。

（5）两人一组，一攻一守练习。

（6）两人一组，一人运球做各种变向、变速运球，另一人根据对方运球做相应的防守动作。

（二）运球

运球是篮球比赛中个人进攻的重要技术，是组织全队进攻战术配合的重要桥梁。运球练习可以提高控制球、支配球的能力。经常做各种运球练习，不仅可以提高运球技术，而且对传接球、投篮等技术都有很大的促进作用。

1. 基本技术

（1）急停急起运球。

在防守较紧的情况下，运球向前推进时，可利用急停急起的变化来摆脱对手。

动作方法：在快速运球中，突然急停时，手拍按在球的前上方。运球急起时，要迅速起动拍球的后上方，要注意用身体和腿保护球。

技术要点：运球急停急起时，要停得稳、起得快。

（2）前变向运球。

当对手堵截运球路线时，突然向左或向右改变运球方向，摆脱防守的运球方法。

动作方法：以右手为例，运球向右侧前进，遇到对手堵截前进路线时，右手拍球的右上方使球从体前弹向左侧。同时右脚向前跨，上身向左用肩挡住对手，然后换左手按球的后上方，左脚跨出，从对手的右侧继续运球前进。

技术要点：手、脚、肩、身体协调配合。

（3）虚晃运球。

在对手堵截运球路线时，不换手的横运球，改变球路线，摆脱防守的运球方法。

动作方法：运球假动作突破是运球队员利用腿部、上身和头部虚晃，佯作运球动作迷惑对手，使其产生错误判断而做出抢球动作。当其一侧露出空隙时，立即运球突破，左晃右过，右晃左过。

技术要点：手按拍球的部位和拉拍球的动作要连贯。

（4）背后运球。

这是在运球前进中，当遇到对手堵截一侧时，而且距离较近而无法采用体前变向运球时，所采用的一种运球方式。

动作方法：以右手运球，向左侧变向为例。变向时，右脚在前，右手将球拉到右侧身后。迅速转腕拍接球的右后方，将球从身后拍按至身体的左侧前方，然后用左手运球，左脚向前，加速前进。

技术要点：手拉拍球的右外侧，手、脚、腿及身体协调配合。

（5）转身运球。

当对手逼近，不能用直线运球且体前变向运球突破时所采用的一种运球方法。

动作方法：变向时，左脚在前为轴，做后转身。同时，右手将球拉至身体的左侧前方，然后换手运球，加速前进。

技术要点：蹬地、转身，拉引球、拍按球动作协调。

（6）胯下运球。

当防守队员迎面堵截时，用这种运球摆脱防守方法。

动作方法：当防守队员迎面堵截，贴得很近时，以右手运球为例。变向时左脚在前，右手拍按球的右侧上方。将球从两腿之间运至身体左侧然后上右脚，换手运球，加速。

技术要点：拍按球的右侧上方，球从两腿之间穿过，上步、换手要协调。

2. 练习方法

（1）原地运球：听哨音或看手势，做各种运球练习，体会运球动作，增强手感，逐步提高控球能力。

（2）直线运球：分两组或多组，成横队站于端线处。第一组持球行进间高运球至另一端线，返回时换左手运球，然后将球交给下一组，轮流进行。

（3）变向换手运球：身后运球转身，都采用每人一球，从端线的一边行进间"之"字形依次运到另一边。

（4）对抗练习两人一组一球，全场一攻一防，进攻者采用各种运球方法，从一端攻到另一端攻防交换。

（三）传球、接球

传球、接球是实现战术组织配合的纽带，它能把 5 名队员连成一个整体，充分发挥集体力量，体现篮球运动特点。巧妙准确地传球，能打乱对方防御部署，创造更多、更好的投篮机会；若接到传球后直接投篮得分，则这个传球被称为"助攻"。稳定牢靠合理地接球，能弥补传球的不足，从而很好地完成传球、突破、投篮等动作。

1. 传球

（1）持球手法与传出后的手形。

手法：根据手的大小，两拇指八字或一字相对，手指展开拿球。手心不应触球。

（2）持球姿势与方法。

持球基本姿势是可投、突、传的三威胁姿势。

动作要领：脚尖正对篮圈，前后开立，屈膝，背要直。躯干要对篮，球放在胸前，抬头看防守及观察场上情况。

（3）传球技术与方法。

传球由动作方法、球的运行路线和球的落点构成，这是评价传球质量的重要指标。①双手胸前传球。双手胸前传球是一种最基本而又最常用的传球方法。这种传球快速有力，可在不同方向、不同距离中使用，而且便于和突破、投篮等动作相结合。动作方法：以基本姿势站立，双手持球，向传球方向迅速伸臂、抖腕，同时身体向传球方向移动。初次练习传球时，应向前跨一步以帮助传球。技术要点：手臂前伸与手腕后屈的协调，伸臂与拨腕指的衔接。②双手头上传球。双手头上传球出手点高，便于与头上投篮相结合，与突破、运球等技术相结合使用时，增加动作的幅度，所以它适于高大队员使用。动作方法：传球时应将球举过头顶。使用双手持球，球高过前额，目光集中在传的点上，双手朝向传球的方向，应意识到对手可能会封盖传球。通过抖动指腕将球传出，球就呈直线传到同伴手中。技术要点：摆臂与拨腕指的衔接。③单手肩上传球。单手肩上传球是最基本的传球方法，而且是经常运用的一种远距离传球方法。动作方法：由持球基本姿势开始，右手腕向右肩处翻转，到达合适传球位置后，以肘关节为轴，借助下肢蹬转或腰腹转动的力量，顺势带动前臂的挥动。手腕、手指前屈，球通过指端旋转传出。技术要点：展体挥臂和蹬腿与身体重心前移的协调连贯。④单手体侧传球。这是一种近距离隐蔽传球的方法，外围队员传球给内线同伴时常用这种方法。动作方法：持球经身体侧后弧线向外伸展手臂，以肩为轴向前摆臂，当手臂侧伸较充分时，及时扣、拨腕指将球传出。技术要点：体侧弧线引球，摆臂制动与拨腕指的衔接。⑤反弹传球。这是最常用的一种近距离隐蔽传球方式，是小个队员对付高大防守者或中锋传给往球篮方向切入的同伴的有效手段。动作方法：双手掌心向下，置球于胸腹之间。用手指、手腕弹拨球传出。反弹点落于离接球队员三分之一处。反弹高度于腰膝之间。技术要点：球速快，掌握好击地点。⑥单手体前侧传球。这是最常用的一种非常隐蔽传球方式，适用于各个位置。动作方法：以"三威胁"姿势开始，余光观察自己同伴的位置，把握时机。传球时，摆动小臂，当球基本过了前胸时及时压腕、拨指将球传出。技术要点：摆动小臂与压腕、拨指的连贯。⑦单手背后传球。当持球者贴近防守者时运用之，一般情况在快攻结束和突破分球时运用。动作方法：向背后引球时肘稍上抬，上臂带动前臂摆动，当半球位于体后时及时拨腕指将球传出。技术要点：摆臂与拨腕的时机。

2. 接球

接球就是获得传球的动作。良好的接球技巧能够弥补传球的不足。无论何种接球，都是由伸臂迎球和缓冲握球等动作组成。接球时，要伸臂迎球，当指端触球的瞬间，手臂要顺势后引，曲肘缓冲来球的惯性后持球。有对手防守时，要先卡位再要球。接球后要随时做"三威胁"攻击姿势，并尽快衔接下一个动作。

（1）接球的手法

①双手接球。两臂先伸出迎球，双手十指自然分开成半球状，手指指端触球瞬间，双臂随球缓冲来球的力量后，自然持球于胸腹之间，保持好"三威胁"的姿势。

②单手接球。五指自然分开成弧形并伸出手臂迎球，手指指端触球的瞬间顺势缓冲控球。同时，借助另一手的辅助成双手持球的"三威胁"姿势。

（2）接球方法

①原地接球。包括迎、引、成基本姿势。迎：是向来球方向伸臂或上步迎接球。引：即在缓冲过程中将球带到所需部位。成基本姿势：是指下一个进攻动作的开始姿势。由接球点到腹前走一条向后向下的弧线。

②移动接球。跨停步接球：靠近来球方向的内侧脚跨步缓冲接球，后腿膝部内扣，斜撑制动。跳停步接球：收身稍跳起接球，双脚同时落地。

3.传球和接球的练习方法

（1）原地对墙做各种传球、接球。

（2）两人一组做各种传球、接球。

（3）迎面传球、接球。

（4）行进间两人传球、接球：把人数分成相等的两组站在端线后，两人一组传球、接球上篮交给对面的另一组做同样的练习，然后排到队尾，交替进行。

（5）行进间三人传球、接球：练习方法同上，要求三人传球时，中间队员稍后与左右两名同伴成三角形队形，每次传球必须通过中间队员。

（6）三人呈"8"字围绕传接球：传球人始终从接球者身后绕切至前面接球。

（四）投篮

投篮得分是篮球运动所有技术、战术、技能的最终目的，是篮球比赛中唯一的得分手段。篮球所有的技、战术配合都是为了创造最佳投篮时机，提高命中率，因此投篮是篮球比赛的关键，是攻防对抗的焦点。

1.基本技术

（1）投篮的身体姿势和持球方法。

①投篮的身体姿势：两脚开立，与肩同宽或略宽。重心在两脚之间，保持好重心平衡。两个膝关节要保持弯曲，上身要含胸直背，身体不能前后、左右摇动，目视投篮目标。肘关节的姿势是当投篮手举起时，手应放松地贴住自己的身体。手和球举起后，肘关节适度外展，躯干与上臂，上臂与前臂，前臂与手腕都要形成90°。②持球方法：对于单手投篮，用投篮手的食指尖端接触球的平面中心部位。投篮手的拇指应该展开，与食指呈60°夹角，手指应有"握球"的感觉，手心自然空出。扶球手扶球

的一侧，手指全面展开到最大限度。

（2）投篮的技术与方法。

①原地投篮

它是比赛中应用比较广泛的投篮方法，是行进间单手高手投篮、跳起单手肩上投篮等技术动作的基础。

A. 单手肩上投篮。动作方法：以投篮姿势，用力蹬地，伸展腰腹，抬肘，手臂上伸、手腕、手指前屈，指端拨球，用中指、食指将球投出，手臂向前自然伸直。技术要点：全身动作协调，用力一致。

B. 双手胸前投篮。动作方法：双手持球于胸前，肘关节自然下垂（不要外展），上身稍前倾，两膝微屈，身体重心放在两脚之间，目视投篮目标。投篮时，两脚蹬地，腰腹伸展，两臂上伸，两手腕同时外翻，指端拨球，用拇指、食指、中指投出，手自然伸直。技术要点：掌握好屈膝蹬地、腰腹伸展。手臂上伸与手腕、手指用力动作的连贯、协调。

C. 勾手投篮。动作方法：以右手为例，降低重心，上身向左倾斜，左脚用力蹬。技术要点：掌握身体重心，手腕和手指力量的控制。

②行进间投篮

行进间投篮是一种被广泛应用的投篮方法。一般在快攻中或切入篮下时运用，也可以在中、近距离投篮时运用。

A. 行进间篮下单手肩上投篮。这是快攻和突破到篮下时常运用的一种投篮方法。比赛中命中率较高。动作方法：以右手为例，在跑动中右脚向前跨出一大步，双手迎前接球，左脚接着上一步，脚跟先着地迅速过渡到前脚掌起跳，同时双手举球，右脚屈膝向上抬配合左脚起跳。当身体到达最高点时，扣腕和手指拨球，柔和地将球投出。技术要点：接球、起跳、引球、扣腕、拨指配合协调。

B. 行进间单手低手投篮。这是快速中超越对手后所采用的一种投篮方法。它具有速度快、伸展的距离远和便于保护球的优点。动作方法：以右手为例。在跑动中右脚向前跨出一大步，双手迎前接球，左脚接着上一步，脚跟先着地迅速过渡到前脚掌起跳，同时双手举球，右脚屈膝向上抬配合左脚起跳。当身体到达最高点时，左手离球，右手托住球的下部，手臂继续向球篮上方伸展，并以手腕为轴，手指向上挑球从食指尖投出。技术要点：助跑、接球、起跳举球、挑球动作连贯协调。

③跳起投篮

跳起投篮具有突破性强、出手点高、不易防守、便于与传球、突破和其他假动作相结合的优点，经常与移动、传接球、运球突破等技术动作结合运用。

A. 原地跳投。动作方法：以投篮姿势，在两脚用力蹬地向上起跳的同时，上身向上伸展，双手举球，当身体接近最高时，右臂抬肘向上伸直，最后用手腕、手指的力量将球投出。落地时，双腿屈膝缓冲，准备下一个动作。技术要点：利用身体在空中最高点刹那间的稳定迅速出手，全身用力协调一致。

B. 接球急停跳投。动作方法：在快速移动中接球，用跨步或跳步急停。突然向上起跳，迅速举球，当身体接近最高点时前臂向前上方伸直，手腕前屈，手指拨球，通过指端将球投出。技术要点：急停时，步子要稳，连接起跳技术，身体腾空和投篮出手协调一致。

C. 运球急停跳投。动作方法：在快速运球中，用跨步或跳步急停，突然向上起跳，迅速举球。当身体接近最高点时前臂向前上方伸直，手腕前屈，手指拨球，从指端将球投出。技术要点：急停时，步子要稳，连接起跳技术，身体腾空和投篮出手协调一致。

2. 练习方法

（1）持球模仿投篮练习：成广播体操队形，体会原地或跳起投篮的手法和用力过程。

（2）接球急停跳投练习：两人一组一球，相距5米左右。一人跳起做投篮练习，另一人接球急停后跳起模仿投篮练习。体会动作的衔接过程。

（3）五点定位投篮。三人一个球篮，用一个或两个球，篮下有人捡球，按五点顺序投篮或跳投，每个点投中三个球才能换下一个点，设计中或未中次数。离篮3~4米逐渐放远到5~6米，并逐渐加快速度，依次练习。

（4）罚球投篮练习：持球站在罚球线后，原地或跳起投篮。进一步体会投篮手法，协调用力和投篮出手角度。

（5）在三分线区域内做一分钟投篮练习：一人一球自投自抢，先3米远左右投篮，再把距离拉远进行投篮练习。

（6）行进间运球投篮练习：把队员分成两组，从中场开始做运球上篮。

（7）行进间全场传接球投篮：三人直线传接球投篮，三人围绕跑动中传接球投篮练习。

（五）持球突破

随着篮球技术的发展，各个位置的队员都能熟练地运用持球突破技术。持球突破技术发展主要表现为突然性强、速度快，与其他技术的结合非常紧密。持球突破后的各种运球和投篮更加具有攻击性。与假动作结合，使突破防不胜防。其主要有以下几种方法。

1. 基本技术

（1）交叉步持球突破。

动作方法：以右脚做中枢脚为例。突破时左脚先向左跨出一小步（假动作），而后，左脚前脚掌内侧用力蹬地，同时上身向左侧转，左肩下压，使身体向右前方跨出，将球引向右侧并运球，中枢脚蹬地上步继续运球超越对手。

技术要点：蹬跨积极，转体探肩保护球。

（2）同侧步持球突破。

动作方法：准备姿势和突破前的动作要求与交叉步相同。突破时，右脚向右前方跨出一步，向右转体探肩，重心前移，右手运球，左脚前脚掌迅速蹬地，向右前方跨出，突破防守。

技术要点：蹬跨积极，转体探肩保护球，第二次加速蹬地积极。

（3）前转身突破。

动作方法：以左脚做中枢脚为例。突破前的准备动作背向球篮站立，两脚平行开立，屈膝，重心降低，两手持球于胸前。突破时重心移至左脚上，以左脚为轴前转身，右脚向球篮方向跨出，向左压肩，右手运球后左脚蹬地突破对手。

技术要点：移重心，蹬地运球动作连贯。

（4）后转身突破。

动作方法：准备动作与前转身相同，突破时以左脚为轴转身，右脚向右侧后方跨步，压肩，脚尖指向侧后方，右手向右脚前方放球，左脚前脚掌内侧迅速蹬地向球篮方向跨出，运球突破防守。

技术要点：重心平稳。右脚向右侧后方跨出，左脚掌内侧蹬地发力。

2.练习方法

（1）原地模仿练习。

（2）运用假动作，做不同的突破技术练习，提高运用动作的变化能力和动作的变换速度。

（3）半场或全场一对一对抗比赛。两人一组一球，先由一方持球开始进攻，进攻时可以运用交叉步或突破上篮。如突破成功或投篮命中，进攻者继续进攻，反之则交换。

（六）个人防守

个人防守技术更具有攻击性。防守者降低重心，增大防守面积，充分利用自己的身体体重与灵活多变的脚步。对有球队员采用平步或斜步的紧逼攻击性防守，对无球队员采用错位防守。做到以球为主，球、人、区三位一体的防守。

1.防守的基本动作

（1）基本姿势。

两脚左右分开，一脚稍前，屈膝下蹲，重心在两脚之间。上身挺胸塌腰。一脚稍前比两脚平行站立前后更稳定，在突然后撤或向前时易于发力，无须调整。

（2）脚步移动。

①滑步：移动时先向移动方向蹬跨，跨步脚紧贴地面，再蹬地脚紧贴地面并步。后撤步：第一步蹬跨后撤要跨步完成，紧接滑步动作。

②交叉步：是后撤步接追踪步的第一步（交叉）再接滑步的组合。

③追踪步：是保持给对手一定压力的、重心稍低的侧身跑动作。

2. 防有球队员的基本动作

迅速调整防守脚步贴近对方，用手干扰对方，破坏对方进攻动作。同进攻者保持一臂距离，重心降低，始终要把进攻者置于自己的两腿之间。若运球停止后，要迅速贴近，积极挥动手臂进行封堵。

（1）平步防守。

两脚平行站立，重心置于两脚之间。重心降低膝角约100°，两手臂侧伸，五指张开，两脚处于起动状态，膝关节内扣。

（2）斜步防守。

两脚前后斜步站立，一臂上举，一臂侧伸。重心置于两脚之间，屈膝收腹。重心低于对方，两脚处于起动状态。

3. 防无球队员的基本动作

人、球、区兼顾，做到近球上，远球放，控制对手接球。防守强侧的无球队员时，采取面向对手侧向球的站位法。用眼睛的余光注意球。防守弱侧无球队员时，采取侧向对手面向球的站位法。防止对手接球。

（1）在球、对手、球篮三点的夹角中间防守。

动作方法：两腿稍屈，两臂自然，保持放松机动姿势，侧对防守对象和球。根据对手离球和球篮的远近不断调整与防守对象的距离。

（2）绕前防守。

这是一种在防守的人、球、球篮成直线或从篮下溜过时要采用的防守方法。它可分为挤绕和后转身绕。

①挤绕的动作方法：后臂从上前伸下压同时后脚前跨。

②后转身绕的动作方法：前臂屈肘以前脚为轴后转身。绕前防守紧贴的对手，一手后伸掌握防守对手的移动。

技术要点：快速移动中身体姿势和重心的稳定；人和球兼顾。

（3）贴身防守。

这是一种在对手接近球篮时要采用的防守方法。

动作方法：两脚斜步防守，一手屈肘顶住对方腰部，一手前伸干扰传接球。

（七）抢篮板球

篮球比赛中，抢篮板球是获得控制球权的重要手段之一。

1. 基本技术

（1）抢进攻篮板球。

根据自己场上所处的位置，及时判断出球反弹方向，快速起动，摆脱防守，抢占有利的位置。采用单脚或双脚起跳，腾空后身体和手臂充分伸展，及时调整重心，进行投篮或将球传出。

（2）抢防守篮板球。

攻方投篮时，防守队员应根据自己与进攻队员之间的不同距离，采用不同的挡人方法。然后根据球反弹的方向，及时转身，抢占有利位置，跳起用单手或双手迅速将球抢下来。落地后持球远离对手，便于及时传球或运球。

2. 练习方法

（1）原地起跳抢球练习，向上自己抛球，然后用双脚起跳，在最高点处将球抢下来。落地屈膝缓冲。体会起跳、空中抢球和落地动作。

（2）两人一组一球，一人站在罚球线处，传球给篮下的队员。篮下队员接球后把球向篮板上抛出碰板。罚球线处的队员上步用双脚或单脚起跳抢从篮板上反弹起来的球，抢下后把球投进篮圈；数次后交换。

（3）抢罚球篮板，双方按照比赛中罚球方法进行站位。确定甲方其中一人执行罚球，甲方的另外四人和乙方分别站在分位线后。当投球碰板或碰圈弹起瞬间，双方即冲抢篮板球。如投篮命中，则换由甲方的另一名队员罚球；如投篮不中，由抢得篮板球的队伍罚球。

二、篮球基本战术

（一）战术基本配合

1. 进攻战术基础配合

（1）传切配合。

这是指利用传球和切入技术组成的简单配合。

（2）突分配合。

这是指进攻队员持球突破防守队员向篮下切入，遇到防守方另一队员补防时，将球传给因对方补防而漏防的同伴，或传给转移到指定的配合位置上的接应同伴的简单配合方法。

（3）掩护配合。

这是指进攻队员以自己的身体采取合理的动作挡住同伴防守者的移动路线，使同伴借以摆脱防守的一种方法。根据被掩护者的不同方位而分为侧掩护、前掩护和后掩护。

（4）策应配合。

一般是指处于内线的队员背对或侧对球篮接球，由他做枢纽与外线队员的突切相配合而形成的一种里应外合的方法。

2.防守战术基础配合

（1）挤过配合。

在对方进行掩护配合时，防守者为了破坏对方的掩护，在掩护者临近的一刹那，主动靠近自己的对手，并从两个进攻队员之间侧身挤过去，继续防住自己的对手。

（2）穿过配合。

对方进行掩护配合时，防守掩护的队员主动后撤一步，让同伴从自己和掩护队员之间穿过去，以便继续防守自己的对手。

（3）交换防守配合。

这是为了破坏进攻队员掩护配合，防守队员及时交换所防对手的一种配合方法。

（4）"关门"配合。

"关门"配合是临近的两个防守队员协同防守突破的配合方法。

（二）全队战术配合

1.全队进攻战术配合

（1）进攻半场人盯人。

常采用内线、外线结合，积极穿插、换位、连续掩护等基本手段，制造中投或篮下投篮等各种机会。常采用的队形有："2—1—2"（单中锋进攻法）、"1—2—2"（双中锋进攻法）、"8"字掩护进攻法、移动进攻法等。

（2）进攻区域联防。

进攻区域联防的方法有很多，可根据本队的具体情况和对方联防的形式确定阵式和配合方法。其目的在于攻击对方区域联防的薄弱环节。如"1—3—1"进攻队形布局是针对"2—1—2"和"2—3"区域联防而组成的，"2—1—2"进攻队形布局是针对"1—3—1"区域联防组成的等。

2.全队防守战术配合

（1）半场人盯人防守战术配合。

这种战术配合是进攻队进入防守队的后场后，防守队立即迎上积极盯住各自的对手，同时，进行集体协同防守。基本战术要求是："以人为主，人球兼顾"和"有球紧，无球松"；针对对手的具体情况（如个人特点和离球、离篮的远近），抢占有利位置，积极移动，进行抢、堵，控制对手的行动，破坏对方进攻配合。半场人盯人防守分松动和扩大两种形式。一般来说，对外围中投不太准而篮下攻击力量较强的对手，采用"松动"形式，反之采用"扩大"形式。

（2）全场人盯人防守战术配合。

全场人盯人防守是一种积极主动、富有攻击性的防御战术。在进攻转入防守后，立即在全场积极地阻挠对手移动、接球和投篮。这种战术不但能破坏对方有组织、有计划的战术配合，提高比赛速度，而且能促使对方失误。目前，常用的全场紧逼人盯人防守队形有"1—2—1—1""2—1—2""2—2—1"等。

第二节 排球

排球运动是一项两队对抗，每队 6 人，分两排站位，以中间球网为界，根据规则以身体任何部位击球过网而决定胜负的球类运动。

排球运动 1895 年由美国人威廉·莫根发明，最初是在室内球网两边用篮球胆拍来拍去使球不落地的一种游戏，取名 Voleybal，意为"空中飞球"。排球运动经历了多种发展形势，最初为 16 人制排球（每排 4 人，按 4 排站位），后来演变成 12 人制（每排 4 人，分 3 排站位）和 9 人制（每排 3 人，分 3 排站位），以及至今的 6 人制排球。因为它是按排站位打球的，所以中国人称之为排球。

1947 年 4 月，国际排球联合会在法国巴黎成立，现在已成为拥有 178 个会员国的体育组织。1949 年首届世界排球锦标赛在布拉格举行。1964 年排球运动被正式列为奥运会比赛项目。目前世界性的比赛有：世界排球锦标赛、世界杯排球赛、奥运会排球赛和世界排球联赛。

一、排球的基本技术和练习方法

排球技术有两种：一种是有球技术，包括传球、垫球、扣球、发球和拦网；另一种是无球技术，包括准备姿势、移动、起跳及各种掩护动作等。

（一）准备姿势和移动

准备姿势和移动是排球运动中各项技术的基础技术。任何一项排球技术在比赛中运用的效果，很大程度上取决于准备姿势和移动技术。

1. 准备姿势

两脚支撑的位置：两脚左右开立，略比肩宽。站左半场的队员，左脚在前（约一只脚的距离），右脚在后；站右半场的队员，右脚在前，左脚在后；站在场中央的队员，两脚平行开立比肩稍宽。

身体基本姿势：双目注视来球，两膝弯曲并内扣，膝部的垂直面超出脚尖，脚跟提起，身体重心的着力点在前脚掌拇趾根部，上身前倾，两肩的垂直面超出膝部。手的位置：两臂自然弯曲，并置于胸腹之间，两手心相对，手指自然张开。

2. 移动

移动是接好球的重要条件。无论任何方向的来球，身体必须面对来球方向。因此，要尽快地移动取得好位置，做好接球前的准备姿势。通常采用的几种移动步法是：滑步、交叉步、跨步、跨跳步、跑步、后退步等。

3.练习方法

（1）学生集体做准备姿势，强调两脚的位置。

（2）原地跑或慢跑中，看教师发出的信号，迅速做准备姿势。

（3）学生在准备姿势的基础上，看教师手势做向前、后、左移动。

（4）两人一组，一人抛球一人按步法要求移动接球。

（5）各种形式的移动接力。

（二）发球

发球是比赛的开始，同时也是进攻的开始。现代的发球技术已越来越具有强大的攻击能力。攻击力强的发球不但可以直接得分，更主要是可以破坏对方的接发球，削弱其进攻威力，减轻我方的防守压力，取得比赛的主动权。

1.基本技术

所有发球技术的动作结构是相同的，但根据不同的发球技术有不同的技术特点。发球技术的动作结构可以分为准备姿势、抛球、击球手形、挥臂击球四个技术环节。发球的种类很多，不管采用哪一种发球，要想把球发好，必须注意以下几点：第一，抛球稳：抛球是基础，要求掌心向上平稳地把球抛起。每次抛球的高度和身体的距离应基本固定。第二，挥臂快：手臂的挥动速度与球飞行速度成正比，手臂挥动快，则球的速度快。第三，击球准：用力方向必须和所要发出球的方向相一致。第四，正确的手法：击球手法不同，发出球的性能也不同。不同的发球种类应使用不同的击球方法。

（1）正面下手发球。

这种发球简单易学，失误率较小。但速度慢，力量小，攻击性差，适用于初学者。发球前，面对球网，两脚前后站立，左脚在前，右脚在后，两膝微屈，上身前倾，左手持球置于腹前，右臂自然下垂。发球时，左手将球在体前右侧抛起，离手20~30厘米。在抛球的同时，右臂向后摆动。击球时，右脚蹬地，身体重心前移，右臂伸直，以肩为轴，向前摆动到腹前，用虎口或掌根击球的后下部。随着击球动作重心前移，迅速入场。

（2）侧面下手发球。

①准备姿势：左肩对网站立，两脚左右开立，与肩同宽，两膝微屈，上身稍前倾，重心落在两脚间或稍偏右脚，左手持球置于腹前。

②抛球：左手将球抛至胸前，约离身体一臂之远。

③击球：在抛球的同时，右臂摆至右侧后下方，手指微屈而紧张，利用右脚蹬地和向左转体的力量，带动右臂向前摆动，在腹前用全掌击球的后中下部，将球击出。击球时，手臂要伸直，眼睛要看球。

（3）正面上手飘球。

发球前在发球区选好位置，面对球网站立，左脚在前，右脚在后，重心落在后脚上。左手持球置于胸前，观察对方的站位布局，选定最佳落点。

发球时左手将球平稳地向右肩的前上方抛起，高度适中。在抛球的同时，右臂抬起，并屈肘后引，五指并拢，指尖朝上，手腕保持一定的紧张度。

击球时利用蹬地转体的动作带动手臂有力地向前上方挥动，重心随之移至左脚，以手掌根击球的后中下部，击球的力量要集中、迅猛，击球的作用力通过球的重心使球不旋转地向前飞行，击球结束时手臂要有突停动作。击球后，右脚随着击球动作自然前移，迅速进场。

（4）勾手大力发球。

这种发球的特点是力量大，弧度平。由于球向前旋转，从而加快了球的下落速度，容易造成对方措手不及，有较强的攻击性，但这种发球需要很好的体力，技术要求高，掌握不好容易造成发球失误。

发球前左肩对网站立，两脚开立与肩同宽，两膝微屈，重心落在脚与脚之间。双手持球于腹前。发球时，双手将球平稳地抛至头的左前上方，高约1米。在抛球的同时，右腿稍屈，重心移至右脚上，上身向右倾斜并转动，同时右臂向右后倾摆动，抬头看球。随着右腿用力蹬地，利用挺胸及转体的动作带动手臂向上挥击。

击球时迅速收胸、收腹、转体，身体的重心移至左脚上。击球的手臂要伸直，并要协调、自然地向上做弧形摆动，击球的手掌应放松，用全掌击中球的后下部，并利用手腕的推压动作使球向前旋转。球发出后，顺势迅速进场。

2. 练习方法

（1）徒手练习。按照动作方法要领，让队员做徒手模仿练习，或做击固定球练习。

（2）抛球练习。右手持球练习向上抛起（掌心向上，平稳抛起，球不旋转）。根据发球的性能，抛球的高度和落点要合适。

（3）两人一组短距离不上网对发。

（4）抛击配合练习。近距离对墙发球，体会发球时抛球与击球的配合。

（5）上网发球。两人一组隔网对发，距离由近到远，直至发球区内。体会击球用力和动作的连续性。

（6）分两组端线后发球比赛，看哪一组积分多。

（三）垫球

垫球是排球的基本技术之一，是接对方进攻性击球的主要技术动作，也是组织进攻和反攻战术的基础。因此，提高垫球技术的熟练程度和运用能力，是争取胜利的重要条件。

1. 基本技术

（1）正面双手垫球。

适合接速度快、弧度平、力量大、落点低的各种来球，在接发球和后排防守时广泛采用，是各项垫球技术的基础。

①准备姿势：做好准备姿势，迅速判断，及时移动，正面对准来球方向。②击球手形：两手掌根紧靠，两手手指重叠合掌互握，两拇指平行。两臂自然伸直，手腕下压，小臂外展靠拢，手腕关节以上的前臂形成一个垫击的平面。③击球动作：击球时，蹬腿提腰，含胸提肩，压腕抬臂等动作密切配合，手臂迅速插入球下，将球准确地垫在手腕以上10厘米的小臂上。击球时，两臂保持平衡固定，身体和两臂自然地随球伴送，以便控制球的落点和方向。④手臂角度：手臂角度对控制球的方向、弧度和落点有很大影响，应根据垫球距离和入射角等于反射角的原理加以调整。

正面双手垫球应掌握插、夹、提三个动作要领。①插：两臂伸直，插到球下。②夹：两臂夹紧，含胸收肩，用两前臂的平面击球。③提：提肩送臂，身体重心随出球方向前移。垫击过程中要做好移、蹬、跟三个环节。①移：快速移动，对准来球。②蹬：支撑平稳，两腿蹬起。③跟：随用力方向，腰紧跟。

（2）体侧垫球。

来球飞向体侧而来不及移动对正来球时，要采用侧垫。侧垫时切忌随球伸臂，这样会造成球蹭手而向侧方飞出，应先用两臂到侧方截击来球。还应注意两臂不要弯曲，以保持击球平面，否则会因手臂不直或两臂间距离太大而垫不好球。

（3）背垫。

背垫就是背向出球方向击球。背垫时，要清楚出球的方向、距离。用力时，要抬头后仰，两臂伸直向后扬臂。

2. 练习方法

（1）徒手模仿。先做原地垫击模仿动作，然后做徒手移动后垫击模仿动作。

（2）垫固定球。一人双手持球于胸前，另一人原地或移动后用垫球动作击球，体会手臂击球部位和全身协调用力。

（3）两人一组，一抛一垫。两人距离由近到远，先是一人抛，一人原地垫，然后是一人抛，一人移动垫。

（4）对墙连续自垫。对墙垫时，要求手臂角度固定，用力适当，控制球的高度，用蹬腿动作发力，注意身体协调用力。

（5）转换方向垫。三人一组成三角形，一人抛球，一人变方向垫球，另一人接球或传球给抛球者，循环往复。

（6）二人相距7~8米，一发一垫。

（7）二人相距5~6米，第一次把球垂直垫起，第二次把球垫给对方，连续进行。

（8）三人一组相隔10米以上，一发一垫一调，做若干次轮转。

（四）传球

传球是用手指和手腕的弹力进行上手击球的技术动作，是排球的最基本最原始的击球方法。在比赛中主要用于衔接防守和进攻。可广泛用于接发球、二传等。

1. 基本技术

传球的方式很多，有正面传球，背传，侧传，跳传。其技术环节可分为：准备姿势、迎球、击球点、手形、击球时的用力几个部分。

（1）双手正面传球。

准备姿势：正面对准来球，两脚开立，比肩宽，一脚在前，两脚尖适当内收，脚跟稍提起，两膝稍屈。两肩放松，眼睛注视来球，两手自然弯置于胸腹前。手形：两手手指自然张开，掌心相对，手指微屈成半球状，手腕稍后仰，以拇指、食指、中指托住球的后下部，无名指和小指在两侧辅助控制传球的方向。拇指相对成一字形或八字形置于额前。

击球时的用力：传球时，利用蹬地、伸膝、展体和伸臂的动作，以拇指、食指、中指发力，无名指和小指控制住球的方向。触球的瞬间，手指和手腕应保持一定的紧张程度，用手指和手腕的弹力以及身体和手臂的协调力量将球传出，用力一定要协调一致。传球距离较近时，手指、手腕的弹力较多；传球距离较远时，必须加强蹬地展体的力量。

（2）背传。

背传是传球的基本方法之一。在比赛过程中，使用背传技术能达到出其不意、迷惑对方的目的，使战术多样化。

准备姿势：上身比正面传球时稍直立，身体重心稳定在两脚之间，双手自然抬起，放松置于脸前。

迎球：双手上举，挺胸，掌心稍向上，手腕稍后仰。

击球点：保持在额上方。

手形：与正面传球相同，拇指托球的后下部。

击球时的用力：利用蹬地、上身后仰、挺胸、展腹、抬臂及手腕和手指的弹力将球向身体后上方送出。

（3）侧传。

身体不转动，主要靠双臂向侧方伸展的传球动作叫侧传。侧传有一定的隐蔽性。侧传的准备姿势、迎球动作与正面传球相同，击球点保持在脸前或稍偏于出球方向一侧。传球手势与正面传球相同，但倾向出球一侧的手臂要低一些，另一侧则要高一些。用力时，蹬地后上身要向出球方向倾斜，双臂向传出一侧用力伸展，异侧手臂动作幅度较大，伸展较快。

（4）跳传。

跳起在空中做传球动作叫跳传。跳传有原地跳、助跑跳、双足跳、单足跳等动作。起跳最好是向上垂直起跳，不宜向前或向侧冲跳。起跳的关键是掌握好起跳时机，起跳过早或过晚都会影响传球的质量。

起跳后双臂上摆至脸前，身体在空中保持平衡。当身体上升到最高点时，靠伸臂动作和手腕、手指的弹力将球传出。

2.练习方法

（1）徒手模仿传球动作。做好准备姿势，蹬地、伸臂，模仿传球推击动作，领悟动作过程。

（2）体会击球点与手姿。每人一球按照传球的击球点与手形，摆在额前，然后另一人将球拿掉，看手姿是否正确，击球点位置是否合适。

（3）传球的协调用力。两人一组，持球人拿球在合适的击球点做好传球的手形，另一人用单手压着球，持球者用传球动作向上推送球，体会全身协调用力。

（4）贴墙传球。每人一球，贴墙站立，用传球手姿拿好球，肘关节贴墙，用传球动作向墙传球，体会传球手形、击球点和手指、手腕的传球用力。

（5）对墙传球。距离由近至远，体会传球用力。

（6）向上自传。个人进行，先原地传，后移动传；先传低球，后一高一低传。

（7）两人一组，一人抛球，另一人传球。先抛准球，让传球人原地传；后两侧抛球，让传球人移动传。

（8）两人对传。可以一固定，一移动，或自传一次，再传给对方等。

（9）跑动传球。三人或三人以上成纵队跑动传球。

二、排球的基本战术

战术是指比赛双方运用进攻与防守的对抗，并结合临场变化，合理地运用技术，有组织、有针对性地配合行动。一个球队的战术水平往往反映着该队的技术水平，因为只有全面、准确、熟练地掌握了基本技术，才可能形成战术。排球基本战术分为个人战术和集体战术两种。

（一）阵容配备

阵容配备是合理地搭配本队队员的一种组织手段。阵容配备有三种形式。"三三"配备：由三名进攻队员和三名二传队员组成，此种形式的战术形式简单，攻击力弱，适合初学者。

"四二"配备：由两名主攻队员，两名副攻队员和两名二传队员组成。队员分别对角站立。这种阵容配备便于采用"中一二"和"边一二"进攻战术。前排始终保持两名进攻队员和一名二传队员，这样能够组织多种战术配合，充分发挥本队的进攻力量。

"五一"配备：由一名二传队员和五名进攻队员组成。这种配备形式攻击力强，能组织多种战术体系。二传队员在前排时，能组织"中一二""边一二"进攻战术。二传队员在后排时，可采用插上战术，保持前排三点进攻。具有一定水平的队多采用此种阵容配备。

（二）交换位置

为了解决某些轮次进攻和防守力量的搭配及阵容配备上的某些缺陷，以便有效地组织攻防战术，规则允许在发球击球后，双方队员可以在本场区内任意交换位置。交换位置的主要目的是为了充分发挥每个队员的专长，以取得扬长避短的效果。前排队员之间的换位，主要是为了便于进攻战术的实施和拦网实力的调整。前后排队员之间的换位，主要是为了保持前排三点进攻。后排队员之间换位，是为了加强后排重点部位的防守。

（三）信号联系

排球运动是一个集体项目，在实现快速多变的进攻战术时，必须通过信号联系才能统一行动。一个队的战术信息力求简单、清晰、本队队员明了。

语言联系：使用语言直接进行联系。

手势信号：通过事先约定的各种手势，进行规定的战术配合。

落点信号：根据起球后的落点，作为发动某种进攻的信号。

综合信号：以手势信号为主，辅以落点信号、语言信号以及教练员的暗示等。

（四）"自由人"的运用

合理地选择并运用"自由人"是战术运用的一个方面。"自由人"专司接发球和后排防守，其上、下场之间只需经过一次发球比赛过程，换人不计为正规换人次数，且次数不限。因此，选择接发球和后排防守技术高超的队员作为"自由人"，能大大提高全队的防守水平。"自由人"又可在当前排进攻、拦网队员体力下降需要休息，并轮到后排时替换上去，所以，合理地运用"自由人"能大大提高全队的进攻水平。

第三节　形体训练

形体训练是以身体练习为基本手段，匀称和谐地发展人体，塑造体型，培养正确优美的姿态和动作，增强体质，促进人体形态更加优美的一种运动方式。形体艺术训练则是以人体科学为基础的形体动作训练，是以提高练习者形体的灵活性和艺术表现力为目的的形体技巧训练。它既注重外在美的训练，又注重内在美的陶冶。练习者在旋律优美的乐曲伴奏下，经常性地进行形体艺术训练，可使身心得到全面发展，有利于培养健美的体态和高雅的气质，使其形体富有艺术魅力。

形体训练内容丰富，形式多样，从运动方式来看，其训练内容分为：徒手练习、持轻器械练习、专门器械上练习三大部分。其中，徒手练习又分为：基本姿态练习、基本动作练习、把杆练习。

一、人体运动的方位与方向

（一）基本方向

人体运动的基本方向是根据人体直立时的基本方向确定的。

（1）向前：指朝着胸部所对的方向运动。

（2）向后：指朝着背部所对的方向运动。

（3）向侧：指朝着肩侧所对的方向运动。

（4）向上：指朝着动作开始时头部所对的方向运动。

（5）向下：指朝着脚底所对的方向运动。

（二）中间方向

中间方向是指两个基本方向之间45°的方向，主要说明上、下肢动作的方向。

（1）前、后与上、下基本方向之间45°的方向构成的中间方向。

①前上：手臂前举与上举之间45°的方向。

②前下：手臂前举与下垂之间45°的方向。

③后上：手臂后举与上举之间45°的方向。

④后下：手臂后举与下垂之间45°的方向。

（2）侧与上、下基本方向之间45°的方向构成的中间方向。

①侧上：手臂侧举与上举之间45°的方向。

②侧下：手臂侧举与下垂之间45°的方向。

（3）侧与前、后基本方向之间45°的方向构成的中间方向。

①侧前：手臂侧举与前举之间45°的方向。

②侧后：手臂后举与下垂之间45°的方向。

（三）斜方向

斜方向是指两个中间方向之间的45°方向。

①前斜上：前上与侧上之间45°的方向。

②前斜下：前下与侧下之间45°的方向。

③后斜上：后上与侧上之间45°的方向。

④后斜下：后下与侧下之间 45° 的方向。

（四）四肢相对的方向

①向内：指四肢由两侧向中线的运动。

②向外：指四肢由中线向两侧的运动。

③同向：指不同肢体向同一方向运动。

④反向：指两个肢体向相反方向运动。

（五）场地的基本方位

为了准确说明练习者在场地上的运动方向，通常把开始确定的某一边（主席台）定位为基本方位的"1点"。按照顺时针方向，每 45° 为一个基本方位，将场地划分为 8 个基本方位。1 点：正前方；2 点：右前方；3 点：右侧方；4 点：右后方；5 点：正后方；6 点：左后方；7 点：左侧方；8 点：左前方。

二、形体训练的基本动作

形体美的基本动作是进行形体练习的基础，它在形体锻炼中起着非常重要的作用。形体基本姿态的训练，是以人体科学为基础的形体姿态训练，是对练习者身体形态进行的基础、系统的专门训练。练习者通过对身体各个部位形态的基本训练，可适度改变身体形态的原始状态，提高形体动作的灵活性和优美性，增强站姿、坐姿、走姿及姿态动作的规范和美感。

（一）脚和腿的基本动作

1. 自然站立

站立是最基本、最重要的基本姿态，也是形态训练中最基础的内容。正确的站姿训练，可以改变练习者身体形态的原始状态，使其站立的姿态优美、端庄。

动作方法：两脚跟并拢，脚尖分开大约 15~20 厘米的距离，身体重心落在两脚之间；臀部肌肉收紧，收腹立腰，挺胸，颈部伸直，抬头并略收下颌，两臂自然下垂，手略呈圆形，表情自然。

2. 开立

在进行上肢练习的过程中，大多数时间需要练习者保持两腿开立的姿势，以便稳定身体的重心。开立是在自然站立的基础上，调整两脚之间的距离。

动作方法：两脚向侧分开站立，两脚开度大约与肩同宽；脊背挺直，挺胸立腰，收腹提臀；注意身体的重心向上，而保持双肩的下沉。

3. 脚点地立

进行脚点地立的各种练习，是练习者在身体重心置于单脚时，有效提高身体稳定性和控制力的一种锻炼方式，重点强调身体的有效控制和上肢基本姿态的保持。

动作方法：一脚站立，另一脚向前、向侧、向后伸出，脚尖点地。注意前、后点地时需脚尖绷直、脚面朝外；侧点地时脚尖绷直、脚面朝上。

4. 芭蕾舞脚位

动作方法：

①一位脚：两脚跟并拢，脚尖向外侧打开，两脚成一横线。

②二位脚：两脚跟相对，左右分开相距一脚，脚尖向两侧打开成一横线。

③三位脚：脚尖向外侧打开，前脚外侧与后脚内侧重叠一半站立。

④四位脚：两脚尖向外侧打开，前后平行，两脚间距离约一脚。

⑤五位脚：两脚尖向外侧打开，前后平行重叠相靠。

（二）手臂的基本动作

1. 两臂同方向的举

①前举：两臂前举至水平，同肩宽，掌心向下、向上或相对。

②侧举：两臂向两侧抬起至水平，掌心向上、向下或向前。

③上举：两臂上举至垂直部位，掌心向前或相对。

④前上举：两臂向前抬起至前上45°方向，掌心向上或向下。

⑤前下举：两臂向前抬起至前下45°方向，掌心向上或向下。

⑥侧上举：两臂向各自的侧方抬起至侧上45°方向，掌心向上或向下。

2. 两臂不同方向的举

①一臂前举，另一臂前上举。

②一臂前上举，另一臂后下举。

③一臂侧上举，另一臂侧下举。

④一臂后上举，另一臂前下举。

动作要求：所有手臂举的动作方向要正，部位要准确，手臂必须伸直，肩部放松，身体姿势同站立动作的基本要求。

3. 芭蕾手臂的基本位置

①一位：两臂于体前成弧形，掌心向内，指尖相对，手臂稍离开身体。

②二位：两臂保持弧形前举，稍低于水平位置，掌心向内，指尖相对。

③三位：两臂保持弧形上举，位置稍偏前，掌心向内。

④四位：两臂成弧形，一臂上举，一臂前举。

⑤五位：两臂成弧形，一臂上举，一臂侧举。

⑥六位：两臂成弧形，一臂前举，一臂侧举。

⑦七位：两臂成弧形侧举，掌心向前。

第六章 高校传统体育锻炼的内容和能力培养

第一节 太极拳

太极拳是中华武术文化的集大成者,其精髓博大精深,其气势奥妙无穷,其招数千变万化。作为中国传统武术之精华,太极拳最本质的属性是技击,是一项武术性极强的拳法。但随着众多支流的涌入我国现今的太极拳运动开始出现功能异化的现象。本章开展对太极拳功能异化问题做探究,分析太极拳的发展现状,列举四大功能异化现状问题,探究异化现象的原因,进而提出了相应的策略分析,以期能让大众更客观地认识太极拳。

二十一世纪以来,随着时代的进步社会,经济的蓬勃发展,人们的日常生活有了新变化,生活节奏开始不断加快,人们对自身健康管理也开始重视,怎样才能养生保健、修身养性是人们关注的重点。

太极拳运动成为人们的首选运动,是我国传统体育项目,有利于强身健体,这一点与我国中医强调的养生之道非常符合,因此一直受到人民群众的欢迎。但在太极拳流传的同时,也出现了许多与时代不相适应的问题,太极拳功能异化的问题愈发严重。为了保护这项民族传统体育项目,探究其功能异化现象就显得尤为重要。

一、太极拳的发展现状

作为中国传统武术的拳种之一,太极拳早在民国时期就开始风靡于大江南北,并已经得到了一定的推广。

在民国时期,以历史为时代背景,社会出现几次的大变革,在清朝末年西方教会进行教育活动,中国开始引进大量的西方体育项目。这引起了当时部分爱国志士的愤怒,开始提倡有民族特色的传统体育,作为传统体育的重要组成部分,太极拳也在这一时期得到了推广,并得以发展起来。第二个热潮是在新中国成立之后,此时的太极拳运动的发展到了一个新高度,开启了全民太极热。接着又在改革开放的推动下,太极风开始吹向大江南北,还延伸到了国外。如今,不仅在公园晨练看得到爷爷奶奶们打太极,还可以在许多影视剧作中看到太极的影子,甚至在国外也掀起一阵太极风。这种现象反映出太极拳还是较受欢迎的一种运动。

然而,太极拳在发展过程中仍存在着不少问题,这些问题值得我们深思。首先是太极拳教学痛点,学校武术作为武术存活和发展的重要传递方式和场所,武术进校园一直国家倡导的模式。所以一些太极拳学校相继创办,但是这些学校的规模和档次普遍偏低,学校的稳定性极差,这种小规模教学和零散数量的群体,远不能满足太极文化和太极产业发展的需要。

其次是太极拳群体的"老龄化"现象。现在的太极拳习练者以中老年人居多,青壮年非常少。青少年是国家和民族的未来,长此下去,就很难继续将这项民族体育传承下去。最后是西方体育的强大影响力,改革开放以后,西方体育大范围进入我国,成为中国健身市场的主力军,中国传统武术在中国群众体育项目风光不再,传统武术已位列10名之后。反之,越来越多的民众更倾向于学外国传入的项目,如跆拳道、瑜伽。相比之下,传统武术的市场就显得太小,特别是像太极拳这类的市场就更少了。

太极拳在这种发展现状下,也开始出现更严重的太极功能异化现象需要我们去探究并解决。

二、太极拳的功能异化

(一)从"武"到"舞"的异化

太极拳的本质是"拳",本家是"武"。太极拳属于武术。武术讲究的是劲力和技巧,不仅要攻还要注意有防。没有攻防就称不是武术,就没有武术的生命力。而今出现的一种异化是将太极的"武"缩小,而是扩大了太极的"舞"。太极拳招式柔美习者形态优美,故被称为"东方芭蕾",正因为这一特征,所以现在很大一部分的太极拳爱好者是女性,因为女性喜舞善舞,更倾向形态优美的运动。也正是所风行的太极拳以女性居多,女性打的太极拳太柔美,再配上音乐很像是舞蹈。很多民众对这种"摇肩扭臀"的柔软操有了偏见,认识不到太极拳的真谛。甚至有些人学习太极拳,都没有明白其中的内涵,只是一味地学习招式,邯郸学步地将太极拳改编为健身舞,再教授给更多的女性习者,将太极拳从习武变成习舞。这是一种从"武"到"舞"的异化。

(二)从"防身"到"养生"的异化

在中国武术发展最兴旺的古代时期,由于国家不统一,六国之间常年战火纷飞的环境因素,这一时期士兵学习武术是为了保家卫国、战胜敌人、扩充国土;老百姓学习武术、太极拳主要是为了保护家人、防身自卫。发展到近代世界大战时期,外国入侵中国使用的都是枪、炮,此时中国武术在枪、炮面前没有施展的余地,也没有时间和环境去学习和传承我们的中华武术，这样的环境原因抑制了中国武术的发展；时至今日，世界和平，祖国日益强大，人民的生活水平不断提高，更多的人关注的是自身健康，太极拳发展到今天，其主要作用就是为老年人养生提供载体，这就是太极拳从"古代防身"到"现代养生"的异化。

（三）从"身随意动"到"身随乐动"的异化

太极拳讲求的是力由内发。内发要先有"意领"，即先有意动，继而内动，然后形动。要能有里面不动，外面不发的控制。

要做到以内促外，以外演内，内外合一，神形兼备。特别是要注意"默识揣摩""意领身随"。即把意识，思想，体悟放在主帅位置。心无旁骛，用"心"练拳。练习太极讲求的是手眼身法步的结合，精神气力功的运用。其间任何干扰和诱惑，包括声、光、色、气等一切外界的东西都在被摒除之列。持续练习下要形成习惯思悟的定势，才能逐渐摸索出其中套路和招式的奥秘得以掌握其中精髓。

现在的状况是，许多练太极的地方都会有配乐，一边播放着音乐一边打太极拳，这样就会不自觉地跟着音乐的节奏来控制打拳的速度，这是一项常识性错误。如果打的拳法和音律对不上，就会被称为"不会打拳""没乐感"。这种太极拳习练都不再讲求招数，而是由音乐控领，已经从"身随意动"异化到"身随乐动"。

（四）从"少壮"到"老年"的异化

中国作为"太极"的发源地，习拳热情却远不及国外。表面上身边有很多人在打太极拳，但仔细一看都是中老年人在练习，极少有年轻人参与。早期的太极拳更多的是少壮年轻人，学太极拳最佳的时间就是少年期间。但是现在纵观全国上下练拳者全是中老年，青壮年很少。

太极拳是古代中国人发明的一种能够调节人体机能健身拳法，邓小平专门提词"太极拳好"。在太极拳传入各国后，国外趋之若鹜，日本人更是如获至宝。

回观国内太极拳现象，青少年体质下降，很多疾病开始呈低龄化发展。我们不禁发问，既然我们的太极拳有强身健体和增强体质的奇特功效，甚至有些现代医学解决不了的难题，都有机会由太极拳解决。这么神奇的太极拳，为什么我国的青少年就不去练习呢？所以如何将太极拳推广到青少年群体中，让青少年走出宿舍走出游戏，强身健体，习练太极这是值得我们宣传的，也是各教育部门、体育部门的领导者们深思的问题。

三、太极拳功能异化的原因探究

（一）对于太极拳的经典认识不足

太极拳是传统武术的经典之一，太极拳有悠久的历史，有众多流派，较为流传的就有陈式、杨式、吴式、孙式等，每种都有自己的风格。出现太极拳功能异化的现象，一个很大的原因是对太极拳经典的认识不足。太极拳在中国武术中具有举足轻重的地位，在中国武术中，太极拳最能体现中国人的性格和气质。太极拳是一种拳法，虽然有调理身心的辅助作用，但并不意味着太极拳就是养身操、健身操。缺乏对太极拳的认识，必会出现异化发展现象。

（二）缺乏正确的太极拳理论指导

随着越来越多的民众开始接触太极拳，如何学太极拳成了一个重要问题。在现今太极拳教学中往往缺少标准化的教学体系。但是由于现代社会生活节奏快，许多人都喜欢速成。往往三四天学完招式，忽视了太极拳的理论指导作用。在太极拳内没有一个正确系统的太极拳理论，这导致太极拳内有各种不同派别争奇斗艳。学任何一项事务，都离不开理论指导，更何况太极拳是一项实践练习性的武术。

（三）太极拳队伍缺乏有效管理

一种武术想要稳定发展需要各个部门一同努力。现在传统太极拳的生存与发展都是靠民众自发组织，政府部门在政策上的支持和管理力度不够，所以传统太极拳的组织形式仍处于无序的混乱的发展状态。即使有的传统太极拳流派发展得比较好，也仅仅局限于某些局部地区。民众越来越重视养身，越来越多的人选择了太极拳。

正是在这种市场下，有一部分人看准武术市场，打着"三天包会"的旗号，大肆收学徒教太极。这种形式虽有利于太极拳的推广，但却给太极拳队伍造成污浊不清的氛围。缺少政府部门的管理和指导，各门派只能自己摸着石头过河找出路。这种现象必将造成太极拳功能异化，使其平民简单化、商业化。

（四）太极拳文化缺乏传承和弘扬

从近年来太极拳文化的发展的现状看，不管是政府还是民间文化，都在极力保护本民族留下的优秀文化遗产资源，特别是对非物质文化遗产的保护力度在不断加大，大家都注重对优秀传统的继承发扬，增强民族文化。

时代变革太快，外来文化在不知不觉中就侵入我们的生活，文化自信逐渐缺失，尚有不计其数的文化遗产正处于濒危状态。

相比其他优秀传统文化而言，太极拳是幸运的，传统的杨式太极拳和陈氏太极拳已经受到了保护被列入非物质文化遗产名录之中。但现代太极拳与传统太极拳在当今社会不同的发展状况还是令人担忧，今后是否还有新一辈的人来继承太极拳，是否还能推动太极拳发展，这些问题都让我们对太极拳的传承和弘扬感到担忧。

四、促进太极拳健康发展的策略分析

（一）提高对太极拳经典的认识

学一门技艺，就要学最经典的才能学的通透。习练太极拳，就必须了解太极拳的性质，是学武而不是学舞，是注重其意动而不是乐动。尤其要了解太极拳的阴阳平衡、相互转换、中庸思想、入静清心、以柔克刚、四两拨千斤等经典理论思想，欲要健身，先要养性，身心合一、内外兼修。学经典太极拳，更能领会其中深意，习练起来更有效益。如果学的是小派支流的太极拳，花拳绣腿真假难辨，免不了带着浮躁的心理，那就无法进入太极的境界，追求身心健康只能是一句空谈。

（二）加强太极拳的理论指导

学习太极拳的理论知识有助于快速了解太极拳，知道太极拳是什么，了解太极拳的历史，进一步学习招式供后期实战过程使用。通过对该太极拳的理论知识学习，先理清思路，学习前人经验，才有助于习练。太极拳的理论指导更注重的是建构传统太极拳技术和理论体系，进一步加强传统太极拳健身功能和传统太极拳人才培养模式。尽早对太极拳做理论指导整理，可以进一步地继承中国武术的博大精深，也可以发掘传统太极拳健身功能。所以应该大力提高科研人员自身的素质，加强高素质武术科研人员的培养；建立武术科研基地，加强多学科，多方面人才的合作与交流；完善传统太极拳科研管理，才能确保太极拳的地位和推动太极拳的发展。

（三）全面整顿太极拳队伍的建设

单凭一己之力是很难将太极拳发扬壮大的，所以必须要组织一支强大的太极拳队伍。而一支队伍的建设离不开管理和指导，因此太极拳想要有更好的发展，就需要我国政府和相关部门加强管理和指导力度，加强对传统太极拳的保护管理和宏观指导，在宏观上要有正确的领导方向，在组织上给予充分的支持和指导建议。对于太极拳队伍的管理问题，可以采用层级保护体制，这样不仅可以健全协会组织，还可以扩大队伍建设。由于现在的太极拳都是民间小支流组织，内部管理统筹较差，大多以盈利为主，所以应该对小支流的统一化组织化。从下至上，一起找出最好的管理体制和机制，一起来保护太极拳的传承，实现保护与发展的良性循环。

（四）大力宣传和弘扬太极拳文化

传统武术的发展，一定少不了发扬和传承，太极拳也不例外。太极拳的推广首先要重视宣传，要鼓励民众参与太极健身。宣传的方式可以由上至下，从大范围的集体推广，如在中小学开设传统武术太极拳课，也可以是小范围的社区推广。再结合现下流行的互联网文化，将太极拳的宣传和网络结合起来，曝光更大，民众接受力就更大。

在弘扬太极拳文化上，更要注重太极拳的经典和内涵，只有优秀的文化才能被接受，所以太极拳文化自身要有正统的发展。可以通过一些推广措施，让中国的太极拳走近群众，在国内得到升华，再走出国门，绽放异彩。

太极拳是中国传统的武术项目，我们更应该增强对其保护传承和推广。不能因为一味追求顺应时代发展趋势和养生保健需要，就忘其根本出现异化现象。针对异化现象的探究的同时也分析了原因并提出了几点发展策略：提高对太极拳经典的认识、加强太极拳的理论指导、全面整顿太极拳队伍的建设、大力宣传和弘扬太极拳文化。

太极拳经过现代奥林匹克运动精神渲染，社会对养生功能诉求，工匠文化精神消逝，传承空间被同化的时代背景下。反应在自身功能的多元导向，由此太极拳的技术正在走向分化，既以本质的曲解和概念替换，而技术本质成为必然焦点。此外，还面临挖掘和认识正在消逝的核心技术的迫切需求。实际上愈是要发展好技术，愈要迫切地清晰技术本身是什么。作为永恒且基础的学科话题——技术，始终都充斥着学术界，并保有持久的吸引力，那么已有的研究成果优点在哪儿？待研究的方向在哪？我们需要以冷静、回望的方式做一次整理。本章以1990—2018年间太极拳技术研究的核心学术论文为研究对象，从中整理成果、总结规律、发现问题、提出观点正是本文遵循的主要原则。

五、定量方面的太极拳技术研究

（一）以拳种为导向：重竞技，轻传统

从反应的文献上看，基本围绕国家竞技太极拳的规定套路、自选套路，抑或是针对某一特定竞技动作为研究对象，较少以传统太极拳的习练者或传统太极拳技术为研究对象。而深层次原因在于，定量研究有较强的学科专业性，部分学者具有医学、力学、心理学等学科背景，其短板在于对太极拳的认识不够全面。此外，通常学术研究集中在高校，从目前我国武术学科专业设置，竞技项目比赛，学生升学加分都集中于竞技太极拳板块，高校也基本被竞技太极拳所覆盖，因而学术界多把竞技太极拳作为研究对象有其场域和历史的必然性。需要解释的是，竞技太极拳并非学术界所独善的专利，实则是竞技太极拳具有放之四海而统一的技术规格。反观传统太极拳风格千枝百蔓，迥异有别，模糊了作为研究对象的视野，片言只语较难厘清能代表传统太极拳的研究对象，但传统太极拳是根基性的内容，传统太极拳技术越来越成为学术界不可逾越的鸿沟。通过以上分析明晰了重竞技、轻传统研究的文化事实，所反映的机制问题较为复杂，但可以确定的是传统太极拳的研究采取高校与民间的参与、互助、交叉

不失为研究范式的新方向。

（二）以实验为导向：重局部，轻整体

依实验数据作为研究的方式，追求极其聚焦和量化为参照。太极拳技术相关研究基本聚焦在特定动作和发力的肌肉群参与度，推手所遵循的力学原理，也有从正误动作研究膝关节问题，而还有一大部分把竞技套路的特定动作为研究伊始。其优点在于将莫测高深、镜花水月的技术用科学的放大镜展现出来。而弊端则是，因学科局限性不可避免地割裂了太极拳尤为看重的整体运动模式。比如太极拳即重视肌肉的绝对力量，但同时更注重胸腹折叠、吞吐开合将身体肌群合为一体的整劲，而意识、呼吸在其中扮演着非常大的作用，甚至盲目的肌肉锻炼，亦称单关节运动，极易造成肌肉合力的削弱。另外膝关节运动的技巧，基本围绕膝关节局部在做研究，在于分离了膝关节与脚和髋之间的联系，殊不知膝关节的过度外撑与里合，多是因为脚尖和髋关节姿势不正确造成的，如再盲目地做里合外翻动作反而会引起更多的技术问题。还有竞技套路比赛研究的难度完成、技术排名、失误影响、优势加分等都反映了研究者的技术视角，是否能将运动员本身的实践感知与量化研究做一定的互补与参照，值得认真思考。由此可以看出，将局部量化与整体质性研究相结合将会是一种研究方向。

（三）以技术为导向：重一般，轻精华

太极拳的一般性技术研究在整个研究领域占比较大，主要包括了运动过程中肌群的参与，高中低身法技术规格下的身体代谢水平，力的使用方式，太极拳练习过程中意识的放松等均体现了技术的表层研究趋向。由于太极拳是意、气、形三者合一的运动，具有东方特定文化在现代科学领域里研究的盲点，是此类研究不可回避的话题。但对于太极拳技术的科学性量化的阐释，这部分则正是需要挖掘的板块，也正是最引人兴趣的方向。比如，高中低身法的代谢研究，通常只在高度的变化上去做简单比较研究，而对象在练习过程中的起伏幅度对代谢结果影响较大，再深层的，太极拳当中的撑裆、圆裆的技术要领，在没有兼顾这些要领时的中等身法，从体验上并没有比低身法代谢强度大，另外在中低身法时，躯干部位的内外要求则对代谢会成倍增加。而这些细节并没有给予更多的关注，其反映了技术的深层次原因，也是揭开意、气、行三者合一的有效途径。比如研究太极拳意识的，多反映了太极拳的意识放松，而我们知道太极拳练习过程中应耳听背后，眼看八方，其中寓意了极度集中且放松的矛盾体，如何解释意识放松的真实含义。由此我们可以看出，太极拳的研究必须从一般性的技术走向精华的纵深研究，只有这样才能真正促进太极拳技术的科学化发展。

六、质性方面的太极拳技术研究

(一)以理论为导向:重实证,轻建构

太极拳质性方面的研究较符合本身技术的内在理论,至少从拳理视角体现了些许不可量化的表达。经典性拳理作为太极拳的核心向外延伸,形成了不同的理论解释,这些经典性解释作为太极拳的历史印迹影响着后来者。比如虚实相生、松肩拔背、行云流水、不丢不顶等,而现在的太极拳技术研究多围绕已有的经典理论作为起点,抑或是以这些理论作为过程中的支撑材料作为研究,其根本目的是要证明这些理论的有效性与达到的途径。这些领域无可厚非地被称之为必将或长久的研究方式,因为太极拳技术本身需要被挖掘、解释与掌握,我们可以把这部分研究称之为实证性。那么在当代身体技术相融共生的视野下,理清太极拳当中有效的训练方法,规避无效且长期训练的方法则尤为重要,比如太极拳当中唯套路为整体的训练方法,实际则包含了套路、功法、力量、单招、推手、散推、散手练习。"我们对传统武术拳种的传承仅限于其套路形式,这样的传承是片断化的,绝非体系化的"。在此基础上为了达到太极拳某种技术要求,比如借鉴拳击的步法、各种近身技法的听劲,甚至借鉴各种体能训练的方式来服务于太极拳技术,我们把这部分称之为建构性。实际上太极拳要达到的技术是本身运动特点所规定的,也是不可更变的,这部分确立了其之所以称之为太极拳的根本。但是我们在达到这个要求时可以跳出太极拳技术的训练圈子,在更大的身体技术训练场域寻找素材。因而我们的技术研究应给建构性留下更多的空间。

(二)以视野为导向:重技术,轻人文

以技术本身作为视角符合一般的研究规律,尤其作为身体技术为表现的太极拳。而"武术是一项超越身体技术范畴复杂的人类文化行为和现象"。我们不得不承认技术本身的现实性,同时又必须接受太极拳作为一种"人"的文化现象的特殊性。比如,太极拳理论中夹杂着一些崇古思想造成的技术夸大,民间技术传承过程中的一些自我想象,技术与文学交融的修饰等,为反应技术的真实性增添了几分朦胧感。此外受中国文化整体观的影响,太极拳技术本体与地域空间、文化事实等文化现象属于血浓于水的关系。而反观太极拳技术的研究多聚焦在技术本身,较少涉足技术背后所反映的深层次文化现象。再比如,拳论中所讲"一羽不能加、蚊蝇不能落""观耄耋能御众之行,快何能为""引动四两拨千斤"等,均超出了字面意义,而四两拨千斤正是被误化最为严重的。尤其作为太极拳的传统师徒制训练方式,远远超出了技术本身所能解释的范围。必须将技术置身于人的全面角度进行阐释。而现在流行的人类学、社会学、口述史等研究方法,更注重文化现象的研究,较少涉足有关技术的研究。需要指出从这些跨学科视角最能反映技术原样,同时结合现代运动科学进行研究不失为一种研究趋势。

（三）以作用为导向：重理论，轻实践

技术的研究实际上是为了更好地发展太极拳，其最终目的是以作用为参考，脱离了使用价值的技术研究不利于长期发展。但从另一个方面讲有关于技术的都是实用的，即使是错误的也能得到借鉴。"太极拳学术研究的选题较集中于理论，运动生理学及健康养生方面"，造成了太极拳处在社会认识矛盾、自我传承矛盾、价值功能矛盾的过程，因而对于技术的直接作用则显得格外重要。从目前的研究看，研究成果多注重理论研究，理论研究分为解释、探究、挖掘等，可以再分为直接可用于指导实践的和不能直接指导实践的，整体属于是什么和为什么的序列，这些理论利于厘清太极拳技术的来龙去脉。然而，另一方面的研究，既是怎么做的板块研究则显得捉襟见肘，这其中又分为"怎么教"和"怎么练"的两个问题。最主要的则是"教"反映出来的窘相，近些年来有关于太极拳教学方面的文章少之又少，没有更多的学者将视角定位在这个板块。太极拳的已传承过程中存在的问题，与之后将要面临的传承态势，与如何教有直接的关系。国家提倡的复兴优秀传统文化的时代背景下，发挥太极拳作为一项身体技术，而不纯粹是一门太极理论，就需要在实践方面做更多的工作。

太极拳技术相关研究取得了丰硕的成果，在竞技武术的高难美新方面，局部身体技术包含的稳定和功能性方面，技术的大众科学认识上都为今后提供了良好的基础，甚至一些技术研究已经走入重复的境地，比如太极拳的平稳机制和心肺功能等，在技术与健康方面都有着较为成熟的经验，另外竞技太极拳技术也不得不向着更高难的角度发展，才能体现技术发展的必然逻辑。以至于学界必将进行回归，反观传统，反观技术当中的整体性思维，反观一般性技术向精华技术的缺失。此外，按照技术的现代发展思潮，太极拳必将从科学角度为公众做更多的理解支撑，有关技术群类建构，技术向人文，理论向实践必将作为新的研究视角。

第二节　八卦掌

八卦掌是中国传统武术中的一种，以掌法和步法的变换转换为中心，董海川之后以尹福为代表的第二代传承人将八卦掌发展为包含有尹、程、樊、梁等派的一个有巨大影响力的拳种，与太极拳、形意拳统称内家拳，而如今却鲜为人知。本节通过文献资料法，梳理八卦掌的传承与发展，探究其在现代社会发展中的困境及其适应性调整。在竞技比赛中的八卦掌套路与注重技击作用的传统组合动作相去甚远，但其突出的观赏价值是发展的一个方向。如今武术的健身、教育、文化等理性价值日益凸显，八卦掌的健身原理需要普适性解读。

八卦掌的理论来源于八卦图，这种用于解释自然和社会现象的道家思想文化符号

深刻地影响着八卦掌的技术体系，并丰富了八卦掌的理论架构。八卦掌以掌法变换和行步走圈为主要特征，一走、二视、三坐、四番的运动特点，为发展身体的轻捷、灵活，特别是下肢的力量提供了必要的锻炼条件，与太极拳、形意拳统称内家拳。近年来，徐皓峰介绍形意拳的纪实文学《逝去的武林》，引起了社会的广泛关注，让人们对清末民初的武林浮想联翩；在科技文明发展的今天，影视作品中太极拳频繁亮相，2008年奥运会开幕式中太极拳成为必不可少的项目，邓小平也曾题词"太极拳好"，太极拳运动得到良好的普及，然而与其并称的八卦掌却鲜为人知。

一、八卦掌源流

八卦掌的起源与创始人问题一直是个尚未定论的问题，在没有新的证据出现的情况下，一般认为河北省文安县朱家坞的董海川是其始祖。但是任何一个拳种的出现都需要一个过程，董海川的突然创拳似乎不合规律。有关董海川的记载中提到，"董曾周游于江淮之间，拜师于某人门下。"但是可惜的是董海川始终不肯说出他的师傅是谁，而且董后来自宫入肃王府的原因也始终是一个谜。虽然有好几个版本的传说，但是传说终归是传说，不能作为下结论的依据。董海川这段不为人知的历史，为八卦掌的考据增添了不少麻烦。

（一）阴阳八盘掌与八卦掌

最先引起大家关于董海川到底是八卦掌的始祖还是传播者讨论的是任致诚在民国二十六年(1937)著的《阴阳八盘掌法》一书。任志诚在书的自序中写道："余幼好武术，十三岁，父命余兄弟与族兄弟等拜霸县华家营李振清先生为师，初习阴阳八盘掌，渐及刀枪等技。"接着作者说李师"十七岁时，随舅运镖于江南，投贴拜客，至梦林董师祖家。""董工阴阳八盘掌法，此艺能者极少，董则家传三世，有登峰造极之妙。""习至七年，李辞师北旋，董谕之云'前数年，有文安县朱家坞董老公者，与余聊为宗族，曾学得此艺，汝到家后，对余所授之艺如有不明之点，可就彼请益，余名彼为董汉清。'遂赐名李师为李振清。"董汉清即到王府充差的董海川。"余受艺时，李师年已古稀。"

对于这则资料，康戈武老师通过考证，在他的硕士毕业论文中得出这样的结论："阴阳八盘掌是八卦掌改名而来；任志诚从李振清习武时，李只有36岁。李的年龄被夸大了34岁；李从没有做过保镖；任志诚所练的八卦掌来源于刘宝珍；李振清传习的武术是弹腿。"

但是笔者还存在质疑：既然任志诚的八卦掌学于刘宝珍，为什么非要说学于李振清呢？况且刘宝珍也是董海川的传人，他本来可以名正言顺地称自己的拳为八卦掌，何以非得改名为阴阳八盘掌呢？况且这也是武林中非常忌讳的欺师卖祖的行为。任志诚怎么会把36岁的李振清看成是古稀老人呢？李振清学过弹腿就证明他没学过阴阳八盘掌吗？

后来河北省武术协会和廊坊地区武术协会，对于一直保留清代兴盛时期的八卦掌原样，并延续相传此拳的流传地区的所有传人，以及他们的技术内容做了深入的调查研究，调查的结果表明：今天文安、霸县、固安、任丘等地所传的阴阳八盘掌，首先传入者是霸县魏家营李振清（1830—1900年）。李振清于青年时期（1850年前后）带艺投师，学阴阳八卦掌于河南，1870年前后回家传出此拳。1888年李振清的前期弟子萧海波（1863—1954年）将阴阳八卦掌从民间传入清朝的王府（庄亲王府）。李振清的弟子只有萧海波和任志诚把原传八卦掌的原貌保存了下来。刘宝珍在学了李振清的阴阳八盘掌以后，又跟董海川学了他的拳路。李振清生于1830年前后，在1900年的义和团斗争中牺牲。

这也就揭开了笔者的疑问。任志诚不会连自己的师傅是谁都不知道，或者把36岁的李师看成是古稀之年。任志诚是1878年生人，卒于1967年，在他13岁学艺时应该是1891年左右。李振清生于1830年前后，到1891年该60多岁，被看成古稀之年尚可以接受。刘宝珍是董海川的徒弟没错，但是他也是李振清的早期弟子。

因为董梦林这个人现在已经无从考证，所以董海川和李振清是否都学于江南董梦林暂且不管，而仅从技术上讲，阴阳八盘掌和八卦掌的惊人相似，显示了二者同出一源，所以我们可以相信阴阳八盘掌就是八卦掌。而且关于阴阳八盘掌，康戈武老师也曾考证了它的来历。

1934年，天津出版了道德武术社孙锡堃著的《八卦拳真传》一书。任致诚弟兄略阅此书后，感到很像自己练的八卦掌，但内容不尽相同。于是，就由任致诚的徒弟高植楷代笔，给孙锡堃写了一封信。意思是说八卦都是一家，看是在哪儿分的。由于孙锡堃没有回信，在朋友的鼓动下，由高植楷执笔，任致诚口述，编写自己所练的八卦掌。在给此书稿定名时，考虑到八卦掌"分阴阳手，阴阳两面劲"，而且武术家较技一般又称为"盘拳过手"，所以师徒二人经过反复推敲，就取名为"阴阳八盘掌"，以避免与八卦掌的名称重复。书中凡有"八卦"二字处，一律改为"八盘"二字，并从此将他教的八卦掌改名为"阴阳八盘掌"。1937年2月，《阴阳八盘掌法》一书由天津百城书局出版。从此，武坛上才出现了"阴阳八盘掌"这个拳术名称。康戈武老师在高植楷先生的信中也证实了这个问题。由此可见，阴阳八盘掌本来就是八卦掌。

（二）李振清与八卦教

当我们无法从董海川那里找到八卦掌源头的时候，李振清的出现无疑给了我们探究八卦掌源头的线索。我们不能证明董海川和李振清是同一个师傅，但是既然二者所传的八卦掌大同小异，那么我们可以从李振清这里继续去寻找八卦掌的源流。

从李振清的徒弟萧海波的经历中我们得知，在萧海波19岁时，也就是1881年，李振清让他到河南寻访同门,并以"四尺二寸八盘刀"作为门户标记。萧海波走访河南及至最后闻讯入访少林寺内,但是萧氏此行不遇,随即北上京都,再俟良机。在同乡的砂锅店中因为"四尺二寸八盘刀"而偶识河南人陈仆。相见后,双方各自演示了掌法、刀法。由于陈仆另有他事,乃引见游走京都秘密结社的闻人达,经闻某作书,引荐萧海波入热河侧坡进修八卦的全艺。萧海波同陈、闻二人相会之后,始知李振清系从原在河南秘传八卦的中心或外周人士得艺,这些人因起义挫败分散四方,传艺中心转移热河侧坡已有多年了。

从萧海波的经历中我们可以得知李振清的八卦掌来源于河南秘传的八卦教中,这与李振清后来参与义和团运动应该是有因果关系的。

八卦教中八卦宫(分部)加上教首组织(本部)共有九个组织团体,故又有"九宫教"别称。无独有偶,在任志诚所著的《阴阳八盘掌法》中亦有"三校生九宫分别"的理论。这也暗含了阴阳八盘掌法与八卦教存在着理论上的联系。

因为八卦掌来自于八卦教,所以我们可以理解董海川为什么对自己的师傅讳莫如深了。

(三)八卦掌与八卦拳

关于八卦拳是不是八卦掌的争论由来已久。姜容樵的《八卦掌考证》中说:"国术有八卦掌八卦拳之别,八卦拳类皆花拳绣腿与少林暨江湖拳技相同。惟八卦掌系由河图洛书,概按易理卦形发明。"但是孙禄堂先生则把他关于八卦掌的著作直接命名为《八卦拳学》,也就是认为八卦掌就是八卦拳了。

在董海川以前,我们没有发现关于八卦掌的资料,但是在八卦教中却有关于八卦拳的两则资料。

第一,"(乾隆三十九年十月十八日河南总督管巡抚事何焻折)至张百禄在遂平传教一节,据李贵供出,今年四月张百禄自遂平回家,开了十五个徒弟名字交给王伦,还有遂平街上三个姓刘的,考过武童,还有孟灿的女婿在内。是张百禄一犯,既系王伦干儿,又系孟灿外甥,实为河南倡教贼首。……今既将该犯拿获,其在遂平所收之十五个徒弟及孟灿女婿,皆可于该犯口中根寻着落。……张百禄之堂叔张洪功一<犯>供认,乾隆三十六年七月内,有张百禄母舅孟二往遂平,路过太康,伊曾投拜为师,学习八卦拳,并授运气口诀。又供出太康人李天木系张百禄徒弟,又有遂平入帐成章、张荣章、张大章、赵云会,俱从张百禄学习拳棒,经各该县先后拿获等情。臣查孟二系张百禄母舅,是否即系孟灿,现在饬司确查。孟二曾于三十六年到豫传教,近年以来,张百禄又来往其间,招徒聚众,若辈行踪如鬼如蜮,情伪百出,或托之看兄,或假装探亲,阳以教习拳棒为名,阴行其谋为不轨之实。"

孟灿,何许人也?"孟灿,兖州人,勇鸷凶悍。尝因争博,以一掌毙其徒,亡命至楚。

素与樊伟善，闻逆谋，潜返。王伦倚如左右手，跬步不离。破寿张、阳谷、堂邑，得其力为多"由此可见孟灿是天理教（八卦教）的教首王伦的得力助手，孟灿所教的拳就是八卦拳，他曾在乾隆三十六年(1771年)到河南传教。

第二，"（嘉庆二十年）杜连城供，小的是山东德平县人，庄农度日，……今年正月，……小来家庄有个教师，先说是枣强人，又说是饶阳县人；问他姓名，说是叫刘如金，又说叫刘如容。会打磨、锤字、画虎、玩拳，百步外可以打人，刀枪不怕，附近会玩拳的人都被他打了。……小的盘问刘玉隆（即刘如容——编者），说是八卦拳。"

从这则材料可以看出，林清的门徒刘玉隆所练的拳也是八卦拳。作为八卦教的分支，不管是王伦的清水教还是林清的天理教中都有一种称为八卦拳的拳术在流传着。因为没有资料证实八卦拳的技术到底有什么特征，所以还无法确定八卦拳和八卦掌的关系。但是却存在着一个不容忽视的巧合：八卦掌来自于八卦教，八卦教中有八卦拳。

（四）梅花拳与八卦掌

这是一则关于离卦教武卦头冯克善的资料。

"嘉庆二年有山东济宁州人王祥即王四教我拳棒，又有滑县朱召村人唐恒乐教我枪法。十五年二月，我连襟滑县书办牛亮臣见我拳法内有八方步，他说你脚步是个八卦嘛，我说你何以知道是八卦，他说我习的是坎卦所以我懂得，我就谎他说，我习的是离卦。他说你即是离卦，我们就是离坎交宫，各人行各人的好罢。后来我就算是离卦了，他就做了坎卦头，十七年四月，有我同县的霍应方举荐我到德州去与宋跃潾比拳，宋跃潾比不过我，同他儿子宋玉林都拜我师入离卦教。"

对这一则资料，有两种不同的解释。一种认为，冯克善练的拳就是后来的八卦掌，持这种观点的有周伟良老师，还有日本的佐藤公彦。另一种观点认为这里的八卦拳其实就是梅花拳。提出两种不同解释的焦点就在于"八方步"。"八方步"到底是属于八卦掌的步法，还是属于梅花拳呢？周伟良老师认为"按《八卦教理条》，所谓八卦指八个方位，即四周一圈，这也是近代八卦掌的基本步式，至今武术界内仍有人称此为'八方步'"。也就是说周老师认为"八方步"是八卦掌的步法，这个步法也就是沿圈走转。对于这则史料的解读，路遥老师则有另外的解释："'八方步'之称，乃是梅花拳拳步之专称。……两人对练，可以站在坎离两方或乾巽、坤艮、兑震两方相交手。所谓'坎离交宫'就是各站在相对的一方交手之意。"那冯克善练的拳到底是梅花拳还是八卦掌呢？

冯克善的武术主要来自于两个人，一是梅花拳的传人唐恒乐，一是离卦教武教头王祥。但是据唐的供述，"嘉庆五年正月内，同县的冯克善来要学拳，就拜我为师，到三月以后，他就不学了，此后也不大往来。"冯跟其学拳的时间很短，根据冯的供述"嘉庆二年有山东济宁州人王祥即王四教我拳棒，又有滑县朱召村人唐恒乐教我枪法。"

他从唐学枪从王学拳棒，因为学的时间太短，所以可以推测冯的拳术主要来自于王祥。据冯供述，"又有掌离卦的郜二，山东东昌府城内人，系现已病故王充之师，王充系王祥之师，王祥即我之师。郜二已故，伊子郜四尚习离卦，我没有见过面。"又有资料说"（嘉庆十八年九月三十日）据高继远即郜添佑供，……高祖郜云龙、曾祖高晋中、祖高从化即郜敬庵，大伯郜大即郜承福、二伯郜二即郜得福、三伯郜三即郜建福，四伯从幼夭亡，父亲第五，名郜鸿福。高祖郜云龙从前原是山东单县人老刘爷的门下，那老刘爷原是弥勒佛转世，高祖从他得道，叫透天真人。老刘爷高祖主掌离势教。曾祖合〔和〕祖并大、二、三伯父都沿习这教。"通过这则资料得知：这个郜二就是郜得福，老刘爷就是刘佐臣。刘佐臣创五荤道的收元教，由于按八卦收徒，所以日后称为八卦教。从这些资料中我们可以推测冯克善的拳法其实就来自于郜二，似乎又进一步说明，冯克善的拳法在八卦教刚盛行不久就已经存在了。

这则资料还传递出一个消息，牛亮臣从冯克善所练拳法中的"八方步"而看出了八卦，从而互认同门，说明这个"八方步"在八卦教中是个约定俗成的东西，它几乎可以看作是八卦教的一个象征了。

而这种八卦教中的"八方步"可能就来自于梅花拳。在《梅花拳秘谱》中有这样的记载："五势梅花桩为昆仑派，五势梅花拳是一种，八卦是一种，此两种拳为昆仑派之基本拳。"这里提到的"八卦"是否就是八卦拳呢？我们不得而知。但是对于下列论述"按图中方向去练习，图分八方，为乾坎艮震巽离坤兑是也。坎离相对，坤艮相对，兑震相对，乾巽相对，是二人相对也。甲在坎北，乙在离南，相对而练也。"这是梅花拳的练法，也是八卦掌的练法。所以我认为周伟良老师、路遥老师的解释都没有错。这两种解释正反映了梅花拳和八卦掌在步法上的相似性。二者技术上的相似不仅表现在"八方步"上，而且梅花拳和八卦掌都有上中下三盘之说。阴阳八盘掌和梅花拳都有阴阳之说。在八卦掌的锻炼形式中有梅花桩练习。所以我们有理由相信八卦掌从技术来说有来自梅花拳的可能。"据韩寿堂《八卦拳》（台北，华联出版社1976年版）称，八卦拳出自江南董氏的"阴阳八盘掌"，传与董氏三世孙董梦麟，再传董海川。向上推算，董梦麟的三世祖应为康熙四十年前后生人。或许是偶然，这与梅花拳杨丙的年代几乎相同，距八卦教开创相隔不久（刘佐臣、刘如汉有生之年）。"

既然这种拳术在八卦教中已经是作为一种象征，而且已经由来已久，那么孟灿和刘玉隆练的八卦拳与冯克善练的拳就有可能是同一种拳，这种拳与梅花拳和八卦掌都有很多技术上的相似，或者可以说明八卦掌与梅花拳存在渊源关系。

以上的论证证明：阴阳八盘掌本来就是八卦掌；八卦掌来自于八卦教；八卦教内部流传的八卦拳就是八卦掌；八卦教是八卦掌形成的重要社会条件，梅花拳与八卦掌具有渊源关系。

二、八卦掌的理论来源——八卦图

八卦是古代人们总结出来的朴实辩证法，它由八个基本图形，即"乾、坤、艮、兑、坎、离、震、巽"和阴阳鱼组成，这八个符号分布在四正四隅的八个方向，阴阳鱼居于中央。"动极而静，静极而动，动者为阳，静者为阴"，阳变阴合而生出五行，这些符号包含了道家解释自然和社会现象深邃的文化内涵。所说八卦包天地日月风云之妙，藏鬼神阴阳变换之机，是上观天文，下察地理，中辩人物，而五行相生，阴阳和合辩证而来。

练习时拧转、摆扣、蹚泥步走圆圈，是八卦掌的一个主要特色，有单换掌、双换掌、双撞掌、穿掌、挑掌、翻身掌、转身掌等基本掌法，合八卦之数，随着技术的衍变与发展，八卦掌直接以卦理解释拳理，如孙禄堂将《周易》中的八卦学融入八卦掌之中，以卦象来印证八卦掌的内在拳理，将起势的静立定为无极，左右旋转定为太极，左旋为阳、右旋为阴，将单换掌、双换掌定为八卦掌之根本。单换掌为两仪，双换掌为四象，其余八掌分别对应八个卦象，由此首创"八形"之说，不仅丰富了八卦掌的技术体系，也提高了八卦掌的理论水平。

三、八卦掌的主要流派

资料显示，董海川是公认的八卦掌创始人，过去八卦掌以口传身授的民间师徒传承为主，至今虽不足两百年，但也因其形成较晚，发展为以绕圈走转为基本运动形式，区别于过去流传的拳种，具有显著的技击、健身、美学等价值。八卦掌的第二代传人大都是仰慕董海川的英名带艺拜师，他们本身已是某一方面的翘楚，如尹福精弹腿、程延华善摔跤、樊志涌曾习少林等，因此八卦掌经过他们的体会理解、继承发展，呈现出不同风格的流派。

尹氏八卦掌掌形被后人称为牛舌掌，动作敏捷，分八路，每路八手，共八六十四式。走自然步，腿法多，以推、拖、带、领、搬、扣、劈、进八个字而概括，讲究手、眼、身、步、气力合一，尚崩弹力，讲借劲使劲，以巧劲破千斤。

程氏八卦掌在掌形上是龙爪掌，整体动作圆活、多摔法、尚横劲。行步时屈腿蹚泥，横开直入，拧翻走转，舒展稳健，劲力沉实，刚柔相济。掌式的运转曲线圆活，弧度较大，千回百转，螺旋之力层出不穷，拧裹之劲变化万千。

梁氏八卦掌以掌法变换为主要技击手法，以步法变换走圈为主要运动形式。意领身随，随走随变，身体起伏圆转，拧裹砖翻，换掌如穿梭，敏捷多变。练功以走桩为主，兼有操桩、盘桩，融踢打摔拿为一体。

樊氏八卦掌亦称内圈八卦掌，以无极为起势，以自身为中心。通俗的说法是：以自身为圆心，两脚分开，两手抱于胸前，由无极变为有极，然后进行"三角步、打四面、踩八方、穿九宫"的操练。

郑式八卦连环掌将形意拳中的三体式基本步型和长拳中的行步步法融合，在坚持"以步为本"的思想指导下，逐渐形成了独特的"半步跟"和"行步转"两种变架势，完成了从死步八掌向活步八掌的转变，从而创编了郑式经典组合。郑氏八卦连环掌老的组合动作，从动作结构来看较为单一，但讲究功法的实用性，注重技击功能，以走为本，每种掌法自成体系；而新的郑氏八卦连环掌套路则讲究动作的美观性，注重技击与健身功能，掌法一环扣一环，与步法、身法相连接，串构成无数个组合动作。整套拳术具有出步如蹚泥、换步如流云、势法分明、快慢相兼、起伏折叠、内气回归、步随身转、步变身变、随走随变、纵横连贯、上下相随、掌法多变、手脚兼用的风格特点。

四、八卦掌的现状

（一）八卦掌的困境

八卦掌以走圈配合运掌来完成"以斜取正"或"以正取斜"的目的，走圈不仅是方法，也是技击的战略战术。后人在练习八卦掌的时候，常常以树作为一个标准转圈，转树是为了走出人体本身翻滚拧转的力量。树为有形，走转为无形，就是有形与无形之间，人与树结合，树在长，人也在长，功夫就在走转中日益增进。这里的功夫指技术水平，也指时间——练习八卦掌所耗费的时间，没有时间的堆砌，也就没有技术的长进。"起如风，落如箭，追风赶月还嫌慢"，当年的武林高手、豪杰义士，在祖国的山河上曾谱写过豪情盖世义薄云天的壮丽诗篇，那是当时的生活环境下，老一辈的武术人穷其毕生精力习武所追求的艺术造诣和境界。然而社会环境的变化带来生活方式的改变，习武的动机、风格、主体等也在迅速翻新，老实说，现代人想要传承武艺要面临的阻碍、要付出比老一辈的人更多的努力。现在的人习武大部分只能是业余爱好，都需要在日常生活与工作之余挤出时间练习，不仅有来自生活的压力，有时还要以牺牲个人的利益为代价。如今简单、快速、现代化的项目才能适应人们快速、高效率的生活节奏，显然需要经年累月修习的八卦掌缺乏这些要素。

（二）八卦掌的创新——竞技套路

创新发展既要立足于传统武术的基础，又不能拘泥于传统武术的形式；同时，这种创新发展，既要受制于武术竞赛规则，但又应有策略地、有预见性地超越规则，从而超前地把握规则的发展，使自己立于"领潮"之地位。"竞技"以突破人体极限，追求更高、更快、更强，是传统武术区别于现代竞技武术最主要的特征，传统武术偏重于技击和修身养性，现代竞技舞台上的比赛则把武术作为一个项目以竞技为本质追求。

走圈作为八卦掌的重要特征仍然是竞技武术套路中的基本步法,但也融入了许多其他拳种的直线步法。从现在的比赛中可以看出,八卦掌动作更加舒展大方,每一个动作都尽量做到极致,常有极速演练动作又戛然而止的制动力度,节奏分明、快似游龙、静若磐石。以定势动作表现表演者体能与技能的紧密结合,继而表现出一种武术动作特有的动作形态特征;动作徐缓流驶又似行云流水的延绵力度,动作发力配以音乐渲染气氛,突出观赏性。这些都与传统套路注重技击实用价值所不同,但确实给人耳目一新的视听感受,新的动作可以编入文艺影视表演中,为其现代化适应性调整找到一个方向。

(三) 八卦掌的出路——全民健身

健康是人们参与体育运动最直接的动力,在失去了技击实战环境的现代社会,八卦掌的健身价值是人们练习八卦掌的主要原因。八卦掌的养生理论讲究顺其自然,所谓自然指的是机体生理机能的维持和调节,肌肉、血液、呼吸等系统的运行都遵循一定的规律,练功是为了达到健身的目的,必须顺应生理上的规律自然而然地练习。《黄帝内经》记载:"阴盛则阳病,阳盛则阴病,阳盛则热,阴盛则寒。"在人体复杂的经络系统中,奇经八脉主导和统帅着阴阳盛衰,八卦掌运用"吐纳导引之术"疏通经络,调理阴阳,在不停地走转变化中刺激各条经络和穴位,使人体气血顺旺,达到强腿壮腰、延年益寿的功效。八卦掌以"易经"为拳理,阴阳变化为法则,要理解其健身原理需要有一定的中医基础理论知识及中国传统文化,对于普通民众无疑是有难度的。因此要推动八卦掌在全民健身中的发展,需要对其理论进行普适性的解读,让每一位练习者能理解其科学的健身方法与理论。

作为我国的优秀拳种,八卦掌曾演绎过光辉灿烂的生动岁月。时至今日,其生存的社会大环境早已不同往日,它需要用新的解读方式,在现代的土壤里繁衍发展,让人民继续享受它带来的益处,中华文明也将随它的传播,深深影响新一代的人们。

第三节 八段锦

习练健身气功八段锦有个从初始的筋、骨、皮、肉的锻炼,逐渐向精、气、意、神的锻炼深化发展的过程。在这个转变的过程中,虽然"一层有一层之景致,一层有一层之灵验",但实质是一个由量变引起质变、质变又引起新的量变的不断交替、深化的过程。练功阶段之间由于相互渗透而很难截然分开,且因习练者的健康水平、文化底蕴、用功程度和身心感悟等不同而存有较大差异。为便于习练者掌握练功规律,将练功分为四个阶段进行阐述。

一、塑形学法、抻筋拔骨阶段

尽管健身气功八段锦是形、气、神三位一体的综合锻炼，强调练功要做到神与形合、气随形动，但练功起始阶段必须先从塑形上下功夫，之后再求形神意气的深化融合。如果开始练功不求姿势正确，习练者的形体塑造达不到练功的要求，就难以掌握练功要领，形神意气的合一也就更无从谈起。练功开始阶段要着力加强身型、手型、步型和站桩等基本内容的反复锤炼，并认真记忆功法动作和运行路线等，对呼吸、意念等可不做要求，顺其自然即可。此阶段练功应像学书法要先写好正楷一样，外在的形体动作要尽量做到横平竖直、有棱有角、方向正确、路线清晰、动作规范，争取招招合章法、势势落到位，切不可急于求成、潦草从事。刚开始练功，习练者肌肉运动的感受刺激传入了大脑皮层，但因大脑内部的抑制尚未确立，大脑皮质中的兴奋与抑制都是呈现扩散状态，往往感觉肌肉僵硬不协调、手脚呆板不灵活，动作别扭吃力，技术粗糙有多余动作。所以此阶段练功要学会慢，只有慢才能有时间静下心来用心记忆和体会功法动作，并逐渐形成正确的技术规范。这种练功方法看似进度缓慢、有束缚感，但能为今后练功打下良好的姿势和动作基础。正所谓"学拳容易改拳难"，反而是开始练功就贪快求全者，其结果往往是本末倒置，今后练功可能要走很多的弯路。

在练功初始阶段，为塑造一个规范的形体动作，也为更好地牵动全身气血运行，尽快获得良好的健身效果，练功往往强调要抻筋拔骨。为何筋要抻、骨要拔？古人云："筋乃人身之经络，骨节之外，肌肉之内，四肢百骸，无处非筋，无处非络，联络周身，通行血脉，而为精神之外辅，与骨配合。""如人肩之能负，手之能摄，足之能履，周身至活泼灵动者，皆筋之能挺然也。"骨是指"骨节"，"骨节者，骨之空隙也，乃人体之壑谷，转动之通灵敏捷，为神明所流注"。由于"肌肤骨节，处处开张"之时，才是人之形体运动变化的最大状态。所以，练功过程中有意识的对拉拔长筋骨，就等于是对全身筋骨皮脉肉等进行了强化刺激，自然练功塑形、引气的效果也随之增加。拔骨是靠抻筋完成的，因为骨头之间主要靠韧带连接，韧带拔长后骨节自然就能松。譬如，"两手托天理三焦"双掌上托定势时，要注意头上领、手掌用力上托、脚趾抓地下踩、中间腰部放松，身体自然就会形成上下对拉拔长的状态。当然，不同的动作有不同抻筋拔骨匹配的方法，这是需要习练者根据自己练功的情况加以适时选用和细心体会的。总的锻炼原则是既要将身上的肌肉、韧带拉长，又要保持肌肉、韧带自身的韧性，虽有些许的抻拉感甚至痛感，但不能超越肌肉、韧带的承受力。实践证明，练功初始阶段强调抻筋拔骨，不但能提高练功质量、锻炼效果而且可为进一步提高功法技术奠定基础。

二、掌握要领、熟练技法阶段

俗话讲:没有规矩,不成方圆。在练功起始阶段初步感知功法、记忆动作的基础上,要想练功不断提升层次,也必须掌握好相应的规矩。这个规矩的重要组成包括习练要领和熟练技法。此一阶段进行练功,首先是要掌握好习练要领。在练功过程中,要时刻按照习练要领细心体会每一姿势是否达到要求,也可拿出一个典型姿势专门体验各项要领是否已经做到。练习每一姿势,都要用心感觉身体是否做到中正,重心比例虚实是否已然清楚,是否是以腰为主导,肢体用力顺序是否节节贯穿,形体放松了没有,精神提起来没有,手和脚的位置是否恰当顺遂。如有不合习练要领之处,应即予以修正。如此刻刻留心、势势留意、有的放矢、反复锤炼,方能做到真正合乎练功要求。此阶段练功仍要注意慢而不快,在慢中多磨炼、细揣摩、练精细,才能找到感觉、练出成效。其次是要熟练好技法。技法是练功技术与方法的融合,是练功养生进入高层次的实践形态。健身气功八段锦的技法既含有身心运动之法,也含有功法姿势之架,还含有演练气韵之动。对于习练者来说,掌握习练要领意味着身心运动之法和功法姿势之架已经是基本掌握,下一步练功重点应放在提升演练气韵之动上。这里的气韵之动,主要是指在练功中要充分体现出本功法的特点、风格、意境和韵味等,其内在实质是对身与心、形与意、气与形、呼与吸、松与紧、动与静、上与下、内与外、升与降、虚与实、养与练等关系的正确处理,表之于外是功法演练中对节奏、虚实、刚柔、形神、劲力等的把握和展现。由此可见,气韵之动是练功由内而外、由形到神、由力度到动律等构成的矛盾统一体。此阶段练功同样需要在实践中反复揣摩体悟,也需要多种途径加深对中国传统文化内涵的理解和感悟,才能逐渐把握形、神、意、气之间的运用之巧和配合之妙,充分理解并体现出本功法的特点、风格、内涵和意境之美。

需要指出的是,此阶段的呼吸调整,可先结合典型动作按照起吸落呼、开吸合呼的规律进行专门练习,之后再有意识的与动作配合练习,并逐渐形成细、匀、深、长的腹式呼吸。这一阶段的意念运用,已是从单纯注意形体动作,逐渐发展到或体察呼吸与动作的配合,或体察劲力的运行等方面。通过持续不断的练功,此阶段习练者大脑皮质的兴奋与抑制在时间与空间上逐渐集中与协调,特别是对于僵硬、多余动作的分化抑制加强,不仅前一阶段存在的许多错误动作能够得以消除或纠正,而且功法技术将逐渐变得更为连贯、协调、规范和熟练。但是,刚刚建立的功法技术的条件反射还不是很稳固,一旦遇到新的刺激就会出现错误技术,甚至已经建立起来的技术定型还会消失。此阶段的练功,确实是重在反复实践体悟,只有不断掌握强化正确的习练要领和技术方法,使习练者的形、神、意、气能够组合凝固成一个有机的整体,如此方可在举手投足之间合乎练功要求、体现功法特点和风格,促使身心境界持续提升。

三、形神俱妙、自动有序阶段

古人认为，形（身）和神（心）是构成人体生命的两大要素。形与神的关系是"形恃神以立，神须形以存"，两者相互依赖、互根互用。健身气功·八段锦虽是以肢体活动为主，但"人之运动，以意为始，以形为终"，说明本质上习练者的意念是决定形体运动正确与否的关键因素。从形与神的角度审察整个练功层次的进阶，存在由外在"形练"逐渐向内在"神练"，外在肢体形象体验逐渐向内在心灵体验不断转变的过程。反之，随着练功层次的渐次提升，必然会导致人之精神境界和物质形体的不断改变。练功至形神俱妙阶段，人体内部的气化过程已经很是旺盛，气机通达且极为有序、协调，神意不仅能得到气的充分供养，而且能够充分发挥意为气之帅的功能。通过强化人之气的周身运转，促使形与神的更加紧密融合，意念更加专一，呼吸进入自调，肢体动作轻灵含蓄、运转自如，做到意动形随、气贯形中、气到劲到、势随神移。这种形、气、神的运动状态是常年坚持练功，技术定型后才会产生，正所谓"明规矩而守规矩，脱规矩而合规矩"。在日常练功坚持形中寓神、神中合形、神形兼备，日久功深做到"外忘其形而成其形，内不知其神而达其神"是顺其自然之事。

练功至形神俱妙，随着对习练要领和气韵之动的反复锤炼和体悟，建立的运动条件反射达到了非常稳固的程度，并能根据周围情况的变化而自动调整动作，顺利完成整套功法的操作，此时习练健身气功八段锦即进入了自动有序的阶段。其主要特征是，功法练习形成自动化，动作柔和缓慢、虚实相生、体态安详。动则以气运身，犹如人在气中、气在人中，周身一气、浑然一体。意念恬淡虚无，识神退位元神主事，三调融为一体。自此，练功由"以外导内转入以内导外"，身心处于一种高度和谐，实现了人与自然界的交融，步入"天人合一"的境界。

实践证明，功法练习达到自动化阶段后，随着练功境界的提升，功法的操作技能仍会有所提高。与此同时，习练者要想保持自动有序的高水平功法操练技能，仍需要持续不断的练功予以保证。需要指出的是，虽然此阶段建立的功法技术定型已经非常巩固，但此时练功主要由脑的较低中枢控制功法操作，如功法技术受到外界刺激而发生少许变动，很可能会一时未被觉察，等到一旦觉察时，可能变质的功法技术已因多次重复练习而被固定下来。因此，即使练功已经达到自动有序阶段，仍应注意功法操作的准确性，才能精益求精、再上新台阶。

四、守中致和、融于生活阶段

健身气功八段锦虽然练的是功法，得的是祛病强身、益寿延年的成效，但其核心的理念是修身养性，追求的是身心境界的提升。要想达成上述目标，关键是要做到守中致和、融于生活。何谓"中和",《礼记·中庸》指出:"喜怒哀乐之未发谓之中;发而皆中节谓之和。中也者,天下之大本也;和也者,天下之达道也。"意思是说心里有喜怒哀乐却不表现出来称为中;表现出来却能够有所节制称为和。中是稳定天下之本;和是为人处世之道。其实这句古话体现的就是适中的意思,告诉我们要在变化之中求得不偏不倚、和谐自然的境地。汉代大儒董仲舒强调:"仁人之所以多寿者,外无贪而内清静,心和平而不失中正,取天地之大美以养其身""能以中和理天下者,其德大盛;能以中和养其身者,其寿极命。"由此可见,无论是修身养性还是治理天下,都必须要遵循"中和"之道。立身中正是习练健身气功·八段锦的第一要领,其表面含义是强调练功首先要保持身体中正,其实已经暗含从练功伊始把握形神、意气、阴阳、虚实、动静、松紧、内外、练养等均需恪守中和的原则。之所以在此阶段才将守中致和、融于生活郑重提出,并不是之前练功不需要遵循,而是经过前几个阶段的练功积累,随着意念对形、气的支配作用加强,此时练功更需排除各种因素对神的干扰并增强意识的自我调控能力,方能更好地维持人体生命稳态,这也是练功能否完成由术而道跃升的根本所在。

此练功阶段,习练健身气功·八段锦尤其要做好两层功夫:一层是要守中以制外,另一层是要制外以养中。所谓守中以制外,是指通过加强功法锻炼,进一步优化由形、气、神三者构成的人体生命稳态,特别是要通过排出各种干扰、去除各种杂念,充分发挥神意的主导作用,在调节形神、平衡阴阳的基础上,追求人与自然的和谐统一。练功虽在身心,但优化的生命稳态利于习练者保持中和之性和健康向上的精神面貌,对和谐人际关系、积极融于社会和生活极有裨益。所谓制外以养中,是指通过在日常生活中加强对心性的磨砺,来进一步提升意识的自我调控能力,进而达到强化功法锻炼的效果。人与社会是一个整体,所谓的脱离社会专心练功,既不符合现今的社会实际,也难以取得真正的大成效。古往今来的实践证明,日常生活中注重修心养性、以德为重、恰如其分的处理好各种人际关系,不仅能使自己时刻保持中和之性,而且更利于形、气、神三位一体生命稳态的优化。在此阶段练功,唯有做到守中以制外、制外以养中两者齐头并修,且达到一定水准时,才能在之前练功基础上再达一个更高的层次。倘若只重视功法锻炼而不注重日常修养,或只注重日常修养而不重视功法锻炼,都是很难提高练功的整体效果。古语云:"执道者德全,德全者形全,形全者神全,神全者圣人之道。"练功达到形神合一、人社合一、天人合一的境界,就是融贯天地的中和之道。

第四节 "五禽戏"

通过对五禽戏发展历程的研究,不仅对其文化内涵有了一定的了解,进而了解到五禽戏在现代社会的推广和发展、对全民体质的调高所起到的不可替代的作用。文章通过逻辑分析法和文献资料法等研究方法对五禽戏的发展历程进行研究，了解五禽戏的发展现状，并针对其对现代人快节奏的生活方式和现代审美观的要求，提出相应的养生和锻炼方法，以帮助人们通过练习五禽戏进行健身和养生。

"五禽戏"作为中国民间广为流传的健身方法，其卓越的健身效果被众多养生家所赞扬，所以"五禽戏"顺理成章地成为现代人健身和养生的首选方法。现有的对"五禽戏"的研究，大都集中在"五禽戏"本身的康复和养生层面，而对其是否适合现代人的养生观念和审美要求的研究还几乎是一个空白。为此本文立足对"五禽戏"在现代社会的推广和发展来研究其发展历程。

一、"五禽戏"的概念维度

"五禽戏"是我国东汉医学家华佗在其所在的历史背景下，在导引术发展的基础上，并结合自身所学和经验，模仿虎、鹿、熊、猿、鸟五种动物的代表性动作及其神态，在中医脏腑、经络和气血等理论的指导下，整理总结而成的一种体育健身疗法。"五"是一个约数，并非是一个确切的数字；"禽"指禽兽，古代泛指动物；"戏"在古代是指歌舞杂技之类的活动，在此指特殊的运动方式，由此得名"五禽戏"。

作为我国民间流行时间最长和最广的健身导引术——"五禽戏"，备受各个时代养生学家的青睐。据《三国志》记载，华佗的弟子吴普就是长年练习五禽戏，活到了90多岁，身体也依然很健康。

"五禽戏"是在模仿虎、鹿、熊、猿、鸟动作的基础上，配合练习者的呼吸吐纳和意念导引，而编出了虎戏、鹿戏、熊戏、猿戏、鸟戏。把这些动作连起来持之以恒地练习，可以强壮筋骨，调息脏腑，畅通经脉，导引健身，防治疾病。经现代医学理论证明，长期坚持练习"五禽戏"不仅可以改善神经系统和大脑的抑制功能，还能修复神经细胞；不仅能够改善心肺功能，增强呼吸系统的功能，也能够提高机体的肠胃功能，促进肠胃的消化吸收，为机体活动提供物质基础。

二、"五禽戏"的发展历程

（一）"五禽戏"的得名

"五禽戏"的得名深受华佗所处时代的影响，当时人们崇拜图腾和五行思想，"五"几乎成了机械的定数，再加上华佗是根据大自然中五种动物的动作特性编成的这套健身导引术，从而得出了"五禽戏"这个名字。

（二）"五禽戏"的雏形阶段——春秋和战国时期

"五禽戏"是华佗模仿虎、鹿、熊、猿、鸟五种动物的动作特点而编的，所以就不得不追溯到春秋战国时期所盛行的导引术。导引在《说文解字》中有着详细解释："导，导引也"，"引，开弓也。象引弓之形"。所以导引术就是肢体做拉伸动作的。根据《吕氏春秋·古乐》的记载，在陶唐氏用"舞"来强身祛病了，所以导引术的产生可追溯到原始社会，而"舞"就是导引术的原型。

随着社会的发展和人们生活经验的积累，到了春秋战国时期，人们开始在"舞"的基础上模仿动物的动作，来达到健身祛病和长寿的目的。《庄子·刻意》中记载了"熊经鸟伸"这一动作。"熊经鸟申"就是模仿熊与鸟的动作舒展身体，这就是在春秋战国时期的特别受欢迎的"二禽戏"。"二禽戏"也就是"五禽戏"发展的雏形阶段。

由于人类模仿的天性，使得"五禽戏"的出现成为可能。再者，由于导引术在当时的出现和盛行，人们在此时发现了动物生命力的顽强，也就自然而然地模仿动物的动作进行健身，"熊经鸟伸"也就流行起来，这也为后来华佗编创"五禽戏"创造了基础。

（三）"五禽戏"的形成阶段——两汉时期

西汉前期，尤其是汉武帝时，儒生董仲舒虽然提出"罢黜百家，独尊儒术"，但是同时将阴阳五行神秘化，使"五行之术"成为超自然的世界主宰。董仲舒重建后的理论，维护了汉王朝的集权统治，并且融入了儒家思想，同时在无形中使中医得到了发展。在这个儒家和道教特殊结合的时期，"五禽戏"也就应运而生了。

东汉末年，华佗受"天人合一"、五行思想和传统养生术等理论的影响，再加上多年的实践经验，在仿生类导引的基础上自创了这套"五禽戏"。但由于华佗身处群雄逐鹿，诸侯混战的三国时期，再加上当时造纸术普及程度不深，华佗只是将"五禽戏"口传与自己的弟子，并没有写进书册进行传承转载。西晋时期的《三国志·华佗传》中记载的华佗对"五禽戏"的描述是"吾有一术，名五禽之戏，一曰虎，二曰鹿，三曰熊，四曰猿，五曰鸟，亦以除疾，兼利手足，以常导引体中不快。因起作一禽之戏，遣微汗即止，以粉涂身，则身体轻便，腹中思食。"特别遗憾的是，即使在华佗晚年所著的所有书籍也在被曹操杀害的同时被焚烧了，所谓"千不留一"。因此，"五禽戏"早期的传播只能是靠口耳相传和言传身教的方式。

西汉时期的政府虽没有直接提倡发展医学，但他为了集权统治，却也机缘巧合地为中医营造了很好的生存环境，也就使得"导引术"有了很好的发展。所以，到了东汉末年的三国时代，华佗为了治病救人，更为了"治未病"，在前人的基础上创编了"五禽戏"，但由于"五禽戏"出现于乱世等因素，所以没有通过书籍流传下来，就靠着"言传身教"才侥幸流传到后世。

(四)"五禽戏"的发展阶段——魏晋南北朝至隋唐时期

魏晋南北朝至隋唐时期,是封建社会的快速发展时期,尤其到了隋唐时期,封建社会达到了鼎盛阶段。在这600多年的时间里,政治几经变动,既有战事不断,政局混乱的南北朝和五代,也有相对和平,政局稳定的隋唐时期。而"五禽戏"的最早文献记载和文字详解也正是出自西晋时期的《三国志》和南北朝时期的《养性延命论》。魏晋时期,由于战事频繁,民族杂居,文化交流频繁。再者,由于连年战乱,人们没有稳定的生活,只能通过求神拜佛来祈求健康长寿,这个时期导引术并没有科学地发展。而到了隋唐时期,统治者注重收集整理各学科文献,恢复礼乐,这也积极影响着中医导引养生学。所以,晋唐时期,导引养生正是在曲折中得到了进步和发展。医学作为保证人们生存和健康的手段,其发展和进步实际上关系到社会的稳定和发展。由于统治者对医学的重视,中医学家编纂了许多综合性的医书,同时也收集、整理了许多中医学文献,保留了许多濒临失传的中医文献,有利于中医学的发展,也有利于导引养生学的延续和进步。这些濒临失传的、珍贵的导引养生文献,为导引的发展和进步提供了宝贵的文献资料和历史考证,至今都是值得我们学习和研究的。

在这个历史时期,从战乱到和平,人们无不迫切地渴望健康的身体,尽快过上安定健康的生活。所以各级政府开始重视医学的重要性,再加上造纸术的普及和印刷术的发明,这些都使得"五禽戏"在它刚"出生"就得到了很好的发展和传播,也为后来"五禽戏"的进一步发展提供了可能。

(五)"五禽戏"的成熟阶段——明清时期

明清时期,由于当时的"八股文"和"文字狱"对社会的影响,人们不敢去创新,也不敢随便发表言论,很多学者就开始对以往的经典进行总结。到了明清时期,关于"五禽戏"的研究专著最多,再加上活字印刷术的成熟,印刷业和图书出版业都得到了空前的发展。另外,明代的版画插图雕版技术有了一定的发展,这对文献中的插图提供了技术支持。在这些众多的"五禽戏"著作中,关于练习方法的其中两本最有研究意义。这两本书记载的关于"五禽戏"的练习方法与以前有关书籍记载的联系方法相比,更加注重以意念来引导动作,更加强调以意引形,这两本书中也配有插图,也让我们能更加直观地认识"五禽戏"在当时的发展情况。

明清时期的统治者特别注重发展医学,太医院已经成为政府最不可或缺的后勤部门,再加上当时的社会风气,对"五禽戏"的研究专著骤然增多。而明清时期也是封建社会没落阶段,此时资本主义思想开始萌芽,尤其到了清朝末年,人们的思想终于打破禁锢,社会进入了百家齐放、百家争鸣的阶段,这个时期的"五禽戏"被不同的门派继承,形成众多流派。

（六）"五禽戏"在现代社会的发展阶段

通过两千多年的发展，"五禽戏"已经在各地区形成了许多流派，各个版本甚至有较大差异，这也为初学者和外国友人的选择造成很大疑惑，不能分辨优劣，也不利于"五禽戏"在现代社会的发展。而在现代生活的节奏较快，更迫切需要我国传统体育让人们的身心都"慢"下来。为了弘扬以"五禽戏"为代表的中国传统体育，发挥其在人们健康生活中的作用，1982年6月28日，"五禽戏"开始进去我国医药大学的"健身与体育课程"，到了2003年，国家体育总局立足提高全民身体素质和发展我国传统健身养生方法，重新总结归纳并编排了"五禽戏"。新编的"健身气功·五禽戏"是在继承了传统"五禽戏"的风格特点，吸取了各流派的精华，将形体美学，现代人体运动学有机结合的基础上，加以提炼、改进、编创而成的。国家体育总局把重新编排后的新版本的五禽戏、八段锦、易舒筋等健身方法作为"健身气功"内容向全国推广。

到了现代，"五禽戏"的发展也进入了全球化发展模式，不少中外人士都热衷于"五禽戏"的学习。新中国成立以来，"气功"的出现也促进了"五禽戏"的发展，再加上国家体育总局对健身气功的推广，使得"五禽戏"越来越普及。但不得不提的是，西方竞技体育的盛行以及近几年"瑜伽"和"广场舞"的流行都在不同程度上限制了"五禽戏"的发展。很大一部分"五禽戏"的练习者只注重其外表的术士，而没有配合"意"、"气"的导引，将其练成了"五禽体操"。"五禽戏"与西方体操有着本质的区别，在练习时应当特别注意。

三、"五禽戏"的锻炼价值

由于"五禽戏"的编写者是华佗，其故乡在今天的亳州市，因此"五禽戏"成为亳州市的项传统文化活动。其历史渊源流长，"健身气功·五禽戏"作为省级非物质文化遗产在全国推广和普及。近几十年来，"五禽戏"的发展得到了政府及主管部门等的支持，中外各界人士如美国、日本、法国、韩国等都先后不断有人来亳州市学习"五禽戏"，领略其精髓和魅力。

通过查阅众多关于"五禽戏"的文献资料，总结出了一些练习"五禽戏"时应该注意的问题。在练习"五禽戏"时练习量要适度，身体微微出汗即可；要通过科学的意念引导，保持心神放松，心无杂念，一心一意；在采用"五禽戏"进行身体康复时，要有针对性地练习，可简化动作，保证简单易行；在练习要循序渐进，不能着急；练习期间要保持心情愉快，思想积极向上；要注意动作的规范性，这样能更好地达到健身的效果；也可以结合配乐进行练习，这样更能较快地达到特定的境界；在着装上要尽量以宽松舒适为主；要尽量选择安静、环境好的地方；尽量在早上进行练习，这样能动员身体各个器官机能，能以更好的状态投入到整天的生活和工作中。

参考文献

[1] 曲宗湖，杨文轩.学校体育教学探究[M].北京：人民体育出版社.2000.

[2] 李元伟.科技与体育—关于新世纪体育科学技术发展问题[J].中国体育科技，2002，38（6）：3-8，19.

[3] 徐本立.运动训练学[M].济南：山东教育出版社，1990：228.

[4] 王智慧，王国艳.体育科技与体育伦理辨析[J].体育文化导刊，2016（6）：146-148.

[5] 曹庆雷，李小兰.前沿科技与体育[J].山东体育科技，2004，26（1）：37-38.

[6] 董传升."科技奥运"的困境与消解[M].沈阳：东北大学出版社，2004：15.

[7] 张朋，阿英嘎.科技与体育的对话—利弊述评[J].福建体育科技，2015，34（4）：1-3.

[8] 谢丽.从奥运会比赛成绩看运动器材的变化[J].体育文史（北京），2000（4）：52-53.

[9] 杜利军.奥林匹克运动与现代科学技术[J].中国体育科技，2001（3）：6.

[10] 于涛.从哲学角度再认识身体对揭示体育本质的意义[J].上海体育学院学报，2008（3）：18-20.

[11] 张洪潭.体育的概念、术语、定义之解说立论[J].西安体育学院学报，2006（4）：1-6.

[12] 张庭华.走出体育语言——从语言学界的共识看媒体体育语言现象[J].体育文化导刊，2007（7）：50-53.

[13] 黄聚云.从哲学角度再认识身体对揭示体育本质的意义[J].2008（1）：1-8.

[14] 爱德华·萨丕尔.语言论[M].北京：商务印书馆，1985.

[15] 于涛.体育哲学研究[M].北京：北京体育大学出版社，2009.

[16] 董文秀.体育英语[M].北京：人民体育出版社，2009.

[17] 伊恩.罗伯逊.社会学（下）[M].北京：商务印书馆，1991：719.

[18] 汪寿松.论城市文化与城市文化建设[J].南方论丛，2006（3）：101.

[19]R.E.帕克.城市社会学[M].北京：华夏出版社，1987：41，154.

[20] 乔尔.科特金.全球城市史[M].北京：社会科学文献出版社，2006：3.

[21] 卢元镇.体育社会学[M].北京：高等教育出版社，2001：211.

[22] 乔治. 维加雷洛. 从古老的游戏到体育表演 [M]. 北京：中国人民大学出版社，2007：107

[23] 王祥荣. 生态与环境——生态可持续发展与生态环境调控新论 [M]. 南京：东南大学出版社，2000：55.

[24] 郑杭生. 体育学概论新编 [M]. 北京：中国人民大学出版社，1987：345.

[25] 周爱光. 体育本质的逻辑学思考 [J]. 武汉体育学院学报，1999(2)：19-21.

[26] 熊斗寅. "体育"概念的整体性与本土化思考：兼与韩丹等同志商榷 [J]. 体育与科学，2004(2)：8-12.

[27] 王春燕，潘绍伟. 体育为何而存在：20世纪80年代以来我国体育本质研究综述 [J]. 体育文化导刊，2006(7)：46-48.

[28] 宋震昊. "体育"本体论（二）：体育概念批判 [J]. 南京体育学院学报：社会科学版，2006(3)：1-6.

[29] 胡科，虞重干. 真义体育的体育争议 [J]. 南京体育学院学报：社会科学版，2010(4)：59-62.

[30] 张军献. 寻找虚无上位概念：中国体育本质探索的症结 [J]. 体育学刊，2010(2)：1-7.

[31] 崔颖波. "寻找虚无的上位概念"并不是我国体育概念研究的症结：与张军献博士商榷 [J]. 体育学刊，2010(9)：1-4.

[32] 何维民，苏义民. "体育"概念的梳理及匡正 [J]. 武汉体育学院学报，2011(3)：5-10.